高等职业教育创新创业系列教材

创新创业教育

主　编　储克森　姚晓峰

副主编　李君利　程　聪

参　编　李　龙　沐会云

主　审　黄继胜

机械工业出版社

CHINA MACHINE PRESS

本书是在"十二五"职业教育国家规划教材《职业、就业指导及创业教育》第4版的基础上重新编写的，编写时注重贯彻党的十八大、十九大及十九大以来中央会议有关"大学生创新创业"精神及国家相关政策，激励学生自觉把个人的理想追求融入国家和民族的事业中。

　　根据高职高专院校学生的培养目标，本书安排了绪论、创新的概念与创新的类型、思维创新与创新技法、创新创业与自我发展、创业者的素质和能力、社会发展需要创业者、大学生创业新政策、立志创业　实现梦想、创业计划与创业实践及大学生创业案例等内容，以培养学生创新创业意识、创新创业精神、提高学生创新创业素质及能力为主线，让学生学到创新创业基础知识和技能、产生创业欲望，为创业行动做好准备。

　　本书以实用、创新为特色，具有内容新、实用性和可操作性强等特点，可用于高职高专院校开设"创新创业教育"课程教材，也可作为从事创新创业教育指导工作人员及其他创业人员的培训教材和自学参考书。

图书在版编目（CIP）数据

创新创业教育／储克森，姚晓峰主编. —北京：
机械工业出版社，2020.2（2025.1重印）
高等职业教育创新创业系列教材
ISBN 978 - 7 - 111 - 64648 - 8

Ⅰ.①创⋯　Ⅱ.①储⋯ ②姚⋯　Ⅲ.①大学生-创业
-高等职业教育-教材　Ⅳ.①G717.38

中国版本图书馆 CIP 数据核字（2020）第 021512 号

机械工业出版社（北京市百万庄大街22号　邮政编码100037）
策划编辑：杨晓昱　　　　　责任编辑：杨晓昱　徐梦然　刘益讯
责任校对：宋逍兰　张　征　　封面设计：马精明
责任印制：单爱军
北京虎彩文化传播有限公司印刷
2025 年 1 月第 1 版第 3 次印刷
184mm×260mm·8.5 印张·147 千字
标准书号：ISBN 978 - 7 - 111 - 64648 - 8
定价：28.00 元

电话服务　　　　　　　　网络服务
客服电话：010 - 88361066　　机　工　官　网：www.cmpbook.com
　　　　　010 - 88379833　　机　工　官　博：weibo.com/cmp1952
　　　　　010 - 68326294　　金　书　网：www.golden-book.com
封底无防伪标均为盗版　　机工教育服务网：www.cmpedu.com

前　言

为适应高职高专院校教学改革的需要，我们在"十二五"职业教育国家规划教材《职业、就业指导及创业教育》第 4 版的基础上分别编写了《职业生涯规划与就业指导》和《创新创业教育》两本教材。

本书分为：绪论、创新的概念与创新的类型、思维创新与创新技法、创新创业与自我发展、创业者的素质和能力、社会发展需要创业者、大学生创业新政策、立志创业　实现梦想、创业计划与创业实践及大学生创业案例等。

本书编写时注重贯彻党的十八大、十九大及十九大以来中央会议有关创新创业政策；同时融入了"社会主义核心价值观"教育，激励学生自觉把个人的理想追求融入国家和民族的事业中。编写时也注重贯彻"国务院办公厅《关于深化高等学校创新创业教育改革的实施意见》"（国办发〔2015〕36 号）文件精神。

为使教材内容和结构能更好地符合时代特点及教学目标，编写过程中编者走访了近年来大学毕业生创办的企业，与创办者及企业管理人员进行了交流，从而在书中增加了近年来高职院校学生创新创业的先进典型案例。

本书由安徽机电职业技术学院储克森、安徽扬子职业技术学院姚晓峰担任主编。具体的编写分工为：第一课和附录由储克森编写，第二课和第三课由姚晓峰编写，第四课和第五课由程聪编写，第六课和第九课由李君利编写，第七课由沐会云编写，第八课和第十课由李龙编写。储克森负责对全书进行统稿。

芜湖众梦电子科技有限公司总经理张卫阳参与了本书目录的讨论，并审读了部分书稿，对本书编写提出了一些合理化建议。安徽工商职业技术学院黄继胜担任主审，在本书编写过程中提供许多帮助，在此谨表示衷心的感谢。

本书在编写时，参阅了许多同类书籍及网络资料，在本书出版之际，谨向原作者表示衷心的感谢！

真诚希望各位同行专家及广大读者在使用本教材时，对书中存在的不足和错误，予以批评指正。

编　者

目　录

第一课

绪 论

　　大学生创新创业教育首先是培养全体学生创新创业意识、激发学生创新创业动力；同时面向有创新创业意愿和潜质的学生，帮助其提高创新创业的基本知识、技巧、技能；并以案例、活动为引导，将教学与实践相结合，有针对性地加强对学生创新创业过程的指导。

一、课程的性质和教学目标

1. 课程的性质

　　《教育部关于做好 2019 届全国普通高等学校毕业生就业创业工作的通知》（教学〔2018〕8 号）中指出："全面深化高校创新创业教育改革。各地各高校要将创新创业教育贯穿人才培养全过程，把创新创业教育和实践课程纳入高校必修课体系，促进创新创业教育与专业教育有机结合、与思想政治教育深度融合。"

　　本课程是高等学校思想政治教育和素质教育的重要组成部分，是一门具有较强的针对性和实践性的面向在校大学生开设的一门公共必修课程。

2. 课程的教学目标

　　通过创新创业课程教学，在教授创新创业知识、锻炼创新创业能力和培养创新创业精神方面达到以下目标：

　　1）培养创新精神和科学创业观。主动适应国家经济社会发展和人的全面发展需求，正确理解创新创业与职业生涯发展的关系，自觉遵循创新创业规律，积极投身创新创业实践。

　　2）教授创新创业知识。认识创新创业的基本内涵和创新创业活动的特殊性，掌握创新思维、创新方法、创新实践的基本要求，使学生掌握开展创新创业活动所需要的基本知识。

3）提升创新创业能力。掌握创新思维的方法、理论和技巧，掌握创业资源整合与创业计划书撰写的方法，熟悉新企业的开办流程与管理，提高创新创业综合素质和能力。培养学生制订创业计划、防范创业风险、适时采取行动的创业能力。

二、开设创新创业教育课程的意义

1. 培养创新精神和科学创业观

意识培养：启蒙学生的创新意识和创业精神，使学生了解创新型人才的素质要求，了解创业的概念、要素与特征等，使学生掌握开展创业活动所需要的基本知识。

能力提升：解析并培养学生的批判性思维、洞察力、决策力、组织协调能力与领导力等各项创新创业素质，使学生具备必要的创业能力。

环境认知：引导学生认知当今企业及行业环境，了解创业机会，识别和防范创业风险，掌握商业模式开发的过程、设计策略及技巧等。

实践模拟：通过创业计划书撰写、模拟实践活动开展等，鼓励学生了解学校创业孵化基地，体验并参与创业的各个环节，包括创业市场评估、创业融资、创办企业流程与风险管理等。

党中央、国务院高度重视高校创新创业教育工作。党的十八大明确提出，要加大创新创业人才培养支持力度。习近平总书记多次做出重要指示，要求加快教育体制改革，注重培养学生创新精神，造就规模宏大、富有创新精神、敢于承担风险的创新创业人才队伍。

习近平总书记在十九大报告中指出，青年兴则国家兴，青年强则国家强。青年一代有理想、有本领、有担当，国家就有前途，民族就有希望。中国梦是历史的、现实的，也是未来的；是我们这一代的，更是青年一代的。中华民族伟大复兴的中国梦终将在一代代青年的接力奋斗中变为现实。

指导学生培养创新精神，培养学生善于思考、敏于发现、敢为人先的创新意识。帮助学生树立科学的创业观，主动适应国家经济社会发展和人的全面发展需求，正确理解创业与职业生涯发展的关系，遵循创业规律，积极投身创业实践。

2. 改变学生的就业观念

在《教育部关于大力推进高等学校创新创业教育和大学生自主创业工作的意见》（教办〔2010〕3号）中指出："在高等学校开展创新创业教育，积极鼓励高校学生自主创业，是教育系统深入学习实践科学发展观，服务于创新型国家建设的重大战略举措；是深化高等教育教学改革，培养学生创新精神和实践能力的重要途径；是落实以创业带动就业，促进高校毕业生充分就业的重要措施"。

虽然当前大学生就业还面临着不少困难，有些困难可能还需要较长的时间才能解决，但是，从国家社会经济发展的总趋势来看，大学生就业的前景总体上是非常乐观的。

2019 年高校毕业双选会

加快实施创新驱动发展战略，迫切需要深入推进高校创新创业教育改革。习近平总书记鲜明指出，创新是引领发展的第一动力。这是基于国内外形势的新发展作出的重要判断。当今时代，全球新一轮科技革命和产业变革正在孕育兴起，知识更新和技术创新速度明显加快，各国纷纷调整发展战略，更加注重创新驱动和教育的作用。从国内看，随着经济发展进入新常态，迫切需要全面提升创新水平，以创新激发发展潜力、培育新的核心竞争力，推动经济中高速增长、迈向中高端水平。党中央、国务院审时度势，立足"四个全面"战略布局，做出了加快实施创新驱动发展战略的重大决策。人是创新的关键因素，创新驱动实质上是人才驱动。高等教育作为科技第一生产力和人才第一资源的重要结合点，理应承担起时代赋予的新使命，把思想和行动统一到中央的决策部署上来，深入推进创新创业教育改革，不断提升支撑创新驱动发展的能力和水平。

随着我国社会经济的建设与发展，高校毕业生逐年增加，传统行业提供的岗位数量越来越有限，劳动力成本的上升也无形中增加了就业压力。这就要求高校要主动适应，开展创新创业教育，进行教育教学改革，培养更多创业型人才，为区域经济发展做出贡献。然而，大学生对社会现实状况缺乏正确的认识，长此以往，大学生普遍希望能够通过考公务员、事业单位等方式获得"铁饭碗"，致使大学生不愿意寻求创新发展的道路。因此，高校开展创新创业教育，不仅可以改变学生传统的就业观念，更能够树立起科学的价值观念，拓宽大学生的视野，创建更加美好的未来。

3. 丰富教育体系

深入推进高校创新创业教育改革，是当前和今后一个时期高等教育改革发展的重要任务。各地区、各部门及全国高校要高度重视、明确职责、主动作为，为深入推进创新创业教育改革、支持大学生创新创业引好路、架好桥、助好力。

加快推动高等教育改革发展，迫切需要深入推进创新创业教育改革。党的十八大以来，高等教育改革发展取得历史性成绩，为提升人力资本素质、服务国家现代化建设发挥了重要作用。但与党和国家的要求以及国际先进水平相比，还有较大差距，特别是学生的社会责任感、创新精神、实践能力仍有待增强，高等教育改革发展的任务依然艰巨。这要求我们必须走好"内涵发展、质量提升"的关键步伐，抓住高校创新创业教育这个"牵一发而动全身"的突破口，补齐人才培养短板，造就适应时代需要的创新创业人才，集中力量解决好人才培养与经济社会发展需求结合不够紧密的突出问题，努力向高等教育强国和人力资源强国迈进。

人是创新的关键因素，创新驱动是人才驱动。加快实施创新驱动发展战略，迫切需要深化高校创新创业教育改革。要进一步促进高等教育改革发展，牢固树立科学的教育理念，落实立德树人根本任务，优化专业结构，提高教育质量，促进学生在创新创业中全面发展，适应和服务经济社会发展和国家战略需求。要把创新创业教育融入人才培养体系，改革教育教学内容方法，改进课程，强化实践。

现阶段，虽然一部分高校开设创新创业教育课程，然而，课程在内容设置方面依然比较死板，主要以就业方向引导、国家法律政策与创业成功案例为主。因此，加强对创新创业教育课程体系的建设，有利于完善高校的教育内容。

三、课程的教学内容和教学方法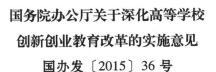

1．教学内容

本课程的教学内容涉及三大板块。

板块一，创新的概念：

创新的概念与创新的类型、思维创新与技法创新、创新创业与自我发展。

板块二，创业者的素质与能力：

创业者的素质和能力、社会发展需要创业者、大学生创业新政策。

板块三，认识创业与模拟创业：

立志创业 实现梦想、创业计划与创业实践、大学生创业案例。

2．教学方法

"创新创业教育"课程的教学应采用灵活多样的方法进行。

（1）讲解与训练相结合。

（2）专题报告，邀请专家、学者、创业成功人士等作关于创新与创业的报告。

（3）课堂讨论，有针对性地开展讨论会，提高学生对创新与创业相关问题的认识。

（4）社会实践活动，组织学生参观学校创业孵化基地等。

（5）典型引路，搜集校友岗位成才及创业成功的范例并向学生介绍，或结合成才典型事例进行讲解，或请校友回校作经验介绍。

延伸阅读1

国务院办公厅关于深化高等学校
创新创业教育改革的实施意见
国办发〔2015〕36 号

各省、自治区、直辖市人民政府，国务院各部委、各直属机构：

深化高等学校创新创业教育改革，是国家实施创新驱动发展战略、促进经济提质增效升级的迫切需要，是推进高等教育综合改革、促进高校毕业生更高质量创业就业的重要举措。党的十八大对创新创业人才培养作出重要部署，国务院对加强创新创业教育提出明确要求。近年来，高校创新创业教育不断加强，取得了积极进展，对提高高等教育质量、促进学生全面发展、推动毕业生创业就业、服务国家现代化建设发挥了重要作用。但也存在一些不容忽视的突出问题，主要是一些地方和高校重视不够，创新创业教育理念滞后，与专业教育结合不紧，与实践脱节；教师开展创新创业教育的意识和能力欠缺，教学方式方法单一，针对性实效性不强；实践平台短缺，指导帮扶不到位，创新创业教育体系亟待健全。为了进一步推动大众创业、万众创新，经国务院同意，现就深化高校创新创业教育改革提出如下实施意见。

一、总体要求

（一）指导思想

全面贯彻党的教育方针，落实立德树人根本任务，坚持创新引领创业、创业带动就业，主动适应经济发展新常态，以推进素质教育为主题，以提高人才培养质量为核心，以创新人才培养机制为重点，以完善条件和政策保障为支撑，促进高等教育与科技、经济、社会紧密结合，加快培养规模宏大、富有创新精神、勇于投身实践的创新创业人才队伍，不断提高高等教育对稳增长促改革调结构惠民生的贡献度，为建设创新型国家、实现"两个一百年"奋斗目标和中华民族伟大复兴的中国梦提供强大的人才智力支撑。

（二）基本原则

坚持育人为本，提高培养质量。把深化高校创新创业教育改革作为推进高等教育综合改革的突破口，树立先进的创新创业教育理念，面向全体、分类施教、结合专业、强化实践，促进学生全面发展，提升人力资本素质，努力造就大众创业、万众创新的生力军。

坚持问题导向，补齐培养短板。把解决高校创新创业教育存在的突出问题作为深化高校创新创业教育改革的着力点，融入人才培养体系，丰富课程、创新教法、强化师资、改进帮扶，推进教学、科研、实践紧密结合，突破人才培养薄弱环节，增强学生的创新精神、创业意识和创新创业能力。

坚持协同推进，汇聚培养合力。把完善高校创新创业教育体制机制作为深化高校创新创业教育改革的支撑点，集聚创新创业教育要素与资源，统一领导、齐抓共管、开放合作、全员参与，形成全社会关心支持创新创业教育和学生创新创业的良好生态环境。

（三）总体目标

2015 年起全面深化高校创新创业教育改革。2017 年取得重要进展，形成科学先进、广泛认同、具有中国特色的创新创业教育理念，形成一批可复制可推广的制度成果，普及创新创业教育，实现新一轮大学生创业引领计划预期目标。到 2020 年建立健全课堂教学、自主学习、结合实践、指导帮扶、文化引领融为一体的高校创新创业教育体系，人才培养质量显著提升，学生的创新精神、创业意识和创新创业能力明显增强，投身创业实践的学生显著增加。

二、主要任务和措施

（一）完善人才培养质量标准

制订实施本科专业类教学质量国家标准，修订实施高职高专专业教学标准和博士、硕士学位基本要求，明确本科、高职高专、研究生创新创业教育目标要求，使创新精神、创业意识和创新创业能力成为评价人才培养质量的重要指标。相关部门、科研院所、行业企业要制修订专业人才评价标准，细化创新创业素质能力要求。不同层次、类型、区域高校要结合办学定位、服务面向和创新创业教育目标要求，制订专业教学质量标准，修订人才培养方案。

（二）创新人才培养机制

实施高校毕业生就业和重点产业人才供需年度报告制度，完善学科专业预警、退出管理办法，探索建立需求导向的学科专业结构和创业就业导向的人才培养类型结构调整新机制，促进人才培养与经济社会发展、创业就业需求紧密对接。深入实施系列"卓越计划"、科教结合协同育人行动计划等，多形式举办创新创业教育实验班，探索建立校校、校企、校地、校所以及国际合作的协同育人新机制，积极吸引社会资源和国外优质教育资源投入创新创业人才培养。高校要打通一级学科或专业类下相近学科专业的基础课程，开设跨学科专业的交叉课程，探索建立跨院系、跨学科、跨专业交叉培养创新创业人才的新机制，促进人才培养由学科专业单一型向多学科融合型转变。

（三）健全创新创业教育课程体系

各高校要根据人才培养定位和创新创业教育目标要求，促进专业教育与创新创业教育有机融合，调整专业课程设置，挖掘和充实各类专业课程的创新创业教育资源，在传授专业知识过程中加强创新创业教育。面向全体学生开发开设研究方法、学科前沿、创业基础、就业创业指导等方面的必修课和选修课，纳入学分管理，建设依次递进、有机衔接、科学合理的创新创业教育专门课程群。各地区、各高校要加快创新创业教育优质课程信息化建设，推出一批资源共享的慕课、视频公开课等在线开放课程。建立在线开放课程学习认证和学分认定制度。组织学科带头人、行业企业优秀人才，联合编写具有科学性、先进性、适用性的创新创业教育重点教材。

（四）改革教学方法和考核方式

各高校要广泛开展启发式、讨论式、参与式教学，扩大小班化教学覆盖面，推动教师把国际前沿学术发展、最新研究成果和实践经验融入课堂教学，注重培养学生的批判性和创造性思维，激发创新创业灵感。运用大数据技术，掌握不同学生学习需求和规律，为学生自主学习提供更加丰富多样的教育资源。改革考试考核内容和方式，注重考查学生运用知识分析、解决问题的能力，探索非标准答案考试，破除"高分低能"积弊。

（五）强化创新创业实践

各高校要加强专业实验室、虚拟仿真实验室、创业实验室和训练中心建设，促进实验教学平台共享。各地区、各高校科技创新资源原则上向全体在校学生开放，开放情况纳入各类研究基地、重点实验室、科技园评估标准。鼓励各地区、各高校充分利用各种资源建设大学科技园、大学生创业园、创业孵化基地和小微企业创业基地，作为创业教育实践平台，建好一批大学生校外实践教育基地、创业示范基地、科技创业实习基地和职业院校实训基地。完善国家、地方、高校三级创新创业实训教学体系，深入实施大学生创新创业训练计划，扩大覆盖面，促进项目落地转化。举办全国大学生创新创业大赛，办好全国职业院校技能大赛，支持举办各类科技创新、创意设计、创业计划等专题竞赛。支持高校学生成立创新创业协会、创业俱乐部等社团，举办创新创业讲座论坛，开展创新创业实践。

（六）改革教学和学籍管理制度

各高校要设置合理的创新创业学分，建立创新创业学分积累与转换制度，探索将学生开展创新实验、发表论文、获得专利和自主创业等情况折算为学分，将学生参与课题研究、项目实验等活动认定为课堂学习。为有意愿有潜质的学生制订创新创业能力培养计划，建立创新创业档案和成绩单，客观记录并量化评价学生开展创新创业活动情况。优先支持参与创新创业的学生转入相关专业学习。实施弹性学制，放宽学生修业年限，允许调整学业进程、保留学籍休学创新创业。设立创新创业奖学金，并在现有相关评优评先项目中拿出一定比例用于表彰优秀创新创业的学生。

（七）加强教师创新创业教育教学能力建设

各地区、各高校要明确全体教师创新创业教育责任，完善专业技术职务评聘和绩效考核标准，加强创新创业教育的考核评价。配齐配强创新创业教育与创业就业指导专职教师队伍，并建立定期考核、淘汰制度。聘请知名科学家、创业成功者、企业家、风险投资人等各行各业优秀人才，担任专业课、创新创业课授课或指导教师，并制定兼职教师管理规范，形成全国万名优秀创新创业导师人才库。将提高高校教师创新创业教育的意识和能力作为岗前培训、课程轮训、骨干研修的重要内容，建立相关专业教师、创新创业教育专职教师到行业企业挂职锻炼制度。加快完善高校科技成果处置和收益分配机制，支持教师以对外转让、合作转化、作价入股、自主创业等形式将科技成果产业化，并鼓励带领学生创新创业。

（八）改进学生创业指导服务

各地区、各高校要建立健全学生创业指导服务专门机构，做到"机构、人员、场地、经费"四到位，对自主创业学生实行持续帮扶、全程指导、一站式服务。健全持续化信息服务制度，完善全国大学生创业服务网功能，建立地方、高校两级信息服务平台，为学生实时提供国家政策、市场动向等信息，并做好创业项目对接、知识产权交易等服务。各地区、各有关部门要积极落实高校学生创业培训政策，研发适合学生特点的创业培训课程，建设网络培训平台。鼓励高校自主编制专项培训计划，或与有条件的教育培训机构、行业协会、群团组织、企业联合开发创业培训项目。各地区和具备条件的行业协会要针对区域需求、行业发展，发布创业项目指南，引导高校学生识别创业机会、捕捉创业商机。

（九）完善创新创业资金支持和政策保障体系

各地区、各有关部门要整合发展财政和社会资金，支持高校学生创新创业活动。各高校要优化经费支出结构，多渠道统筹安排资金，支持创新创业教育教学，资助学生创新创业项目。部委属高校应按规定使用中央高校基本科研业务费，积极支持品学兼优且具有较强科研潜质的在校学生开展创新科研工作。中国教育发展基金会设立大学生创新创业教育奖励基金，用于奖励对创新创业教育做出贡献的单位。鼓励社会组织、公益团体、企事业单位和个人设立大学生创业风险基金，以多种形式向自主创业大学生提供资金支持，提高扶持资金使用效益。深入实施新一轮大学生创业引领计划，落实各项扶持政策和服务措施，重点支持大学生到新兴产业创业。有关部门要加快制定有利于互联网创业的扶持政策。

三、加强组织领导

（一）健全体制机制

各地区、各高校要把深化高校创新创业教育改革作为"培养什么人，怎样培养人"的重要任务摆在突出位置，加强指导管理与监督评价，统筹推进本地本校创新创业教育工作。各地区要成立创新创业教育专家指导委员会，开展高校创新创业教育的研究、咨询、指导和服务。各高校要落实创新创业教育主体责任，把创新创业教育纳入改革发展重要议事日程，成立由校长任组长、分管校领导任副组长、有关部门负责人参加的创新创业教育工作领导小组，建立教务部门牵头，学生工作、团委等部门齐抓共管的创新创业教育工作机制。

（二）细化实施方案

各地区、各高校要结合实际制定深化本地本校创新创业教育改革的实施方案，明确责任分工。教育部属高校需将实施方案报教育部备案，其他高校需报学校所在地省级教育部门和主管部门备案，备案后向社会公布。

（三）强化督导落实

教育部门要把创新创业教育质量作为衡量办学水平、考核领导班子的重要指标，纳入高校教育教学评估指标体系和学科评估指标体系，引入第三方评估。把创新创业教育相关情况列入本科、高职高专、研究生教学质量年度报告和毕业生就业质量年度报告重点内容，接受社会监督。

（四）加强宣传引导

各地区、各有关部门以及各高校要大力宣传加强高校创新创业教育的必要性、紧迫性、重要性，使创新创业成为管理者办学、教师教学、学生求学的理性认知与行动自觉。及时总结推广各地各高校的好经验好做法，选树学生创新创业成功典型，丰富宣传形式，培育创客文化，努力营造敢为人先、敢冒风险、宽容失败的氛围环境。

国务院办公厅

2015 年 5 月 4 日

延伸阅读 2

教育部关于大力推进高等学校创新创业
教育和大学生自主创业工作的意见（节选）

在高等学校开展创新创业教育，积极鼓励高校学生自主创业，是教育系统深入学习实践科学发展观，服务于创新型国家建设的重大战略举措；是深化高等教育教学改革，培养学生创新精神和实践能力的重要途径；是落实以创业带动就业，促进高校毕业生充分就业的重要措施。为统筹做好高校创新创业教育、创业基地建设和促进大学生自主创业工作，现提出以下意见：

一、大力推进高等学校创新创业教育工作

1. 创新创业教育是适应经济社会和国家发展战略需要而产生的一种教学理念与模式。在高等学校中大力推进创新创业教育，对于促进高等教育科学发展，深化教育教学改革，提高人才培养质量具有重大的现实意义和长远的战略意义。创新创业教育要面向全体学生，融入人才培养全过程。要在专业教育基础上，以转变教育思想、更新教育观念为先导，以提升学生的社会责任感、创新精神、创业意识和创业能力为核心，以改革人才培养模式和课程体系为重点，大力推进高等学校创新创业教育工作，不断提高人才培养质量。

2. 加强创新创业教育课程体系建设。把创新创业教育有效纳入专业教育和文化素质教育教学计划和学分体系，建立多层次、立体化的创新创业教育课程体系。突出专业特色，创新创业类课程的设置要与专业课程体系有机融合，创新创业实践活动要与专业实践教学有效衔接，积极推进人才培养模式、教学内容和课程体系改革。加强创新创业教育教材建设，借鉴国外成功经验，编写适用和有特色的高质量教材。

3. 加强创新创业师资队伍建设。引导各专业教师、就业指导教师积极开展创新创业教育方面的理论和案例研究，不断提高在专业教育、就业指导课中进行创新创业教育的意识和能力。支持教师到企业挂职锻炼，鼓励教师参与社会行业的创新创业实践。积极从社会各界聘请企业家、创业成功人士、专家学者等作为兼职教师，建立一支专兼结合的高素质创新创业教育教师队伍。高校要从教学考核、职称评定、培训培养、经费支持等方面给予倾斜支持。定期组织教师培训、实训和交流，不断提高教师教学

研究与指导学生创新创业实践的水平。鼓励有条件的高校建立创新创业教育教研室或相应的研究机构。

4. 广泛开展创新创业实践活动。高等学校要把创新创业实践作为创新创业教育的重要延伸，通过举办创新创业大赛、讲座、论坛、模拟实践等方式，丰富学生的创新创业知识和体验，提升学生的创新精神和创业能力。省级教育行政部门和高校要将创新创业教育和实践活动成果有机结合，积极创造条件对创新创业活动中涌现的优秀创业项目进行孵化，切实扶持一批大学生实现自主创业。

5. 建立质量检测跟踪体系。省级教育行政部门和高等学校要建立创新创业教育教学质量监控系统。要建立在校和离校学生创业信息跟踪系统，收集反馈信息，建立数据库，把未来创业成功率和创业质量作为评价创新创业教育的重要指标，反馈指导高等学校的创新创业教育教学，建立有利于创新创业人才脱颖而出的教育体系。

6. 加强理论研究和经验交流。教育部成立高校创业教育指导委员会，开展高校创新创业教育的研究、咨询、指导和服务。省级教育行政部门和高等学校要加强对国内外创新创业教育理论研究，组织编写高校创新创业教育先进经验材料汇编和大学生创业成功案例集。省级教育行政部门应定期组织创新创业教育经验交流会、座谈会、调研活动，总结交流创新创业教育经验，推广创新创业教育优秀成果。逐步探索建立中国特色的创新创业教育理论体系，形成符合实际、切实可行的创新创业教育发展思路，指导创新创业教育教学改革发展。

二、加强创业基地建设，打造全方位创业支撑平台

7. 全面建设创业基地。教育部会同科技部，以国家大学科技园为主要依托，重点建设一批"高校学生科技创业实习基地"，并制定出台相关认定办法。省级教育行政部门要结合本地实际，通过多种形式建立省级大学生创业实习和孵化基地；同时要积极争取有关部门支持，推动本地区有关地市、高等学校、大学科技园建立大学生创业实习或孵化基地，并按其类别、规模和孵化效果，给予大力支持，充分发挥基地的辐射示范作用。

8. 明确创业基地功能定位。大学生创业实习或孵化基地是高等学校开展创新创业教育、促进学生自主创业的重要实践平台，主要任务是整合各方优势资源，开展创业指导和培训，接纳大学生实习实训，提供创业项目孵化的软硬件支持，为大学生创业

提供支撑和服务，促进大学生创业就业。

9．规范创业基地管理。大学科技园作为"高校学生科技创业实习基地"的建设主体，要把基地建设作为园区建设的重要内容，确定专门的管理部门负责基地的建设和管理；加强与依托学校和有关部门的联动，共同开展大学生实习实训和创业实践。有关高等学校要高度重视大学科技园在创新创业人才培养中的作用，出台有利于大学科技园开展学生创业工作的政策措施和激励机制。

10．提供多种形式的创业扶持。大学生创业实习或孵化基地要结合实际，为大学生创业提供场地、资金、实训等多方面的支持。要开辟较为集中的大学生创业专用场地，配备必要的公共设备和设施，为大学生创业企业提供至少12个月的房租减免。要提供法律、工商、税务、财务、人事代理、管理咨询、项目推荐、项目融资等方面的创业咨询和服务，以及多种形式的资金支持；要为大学生开展创业培训、实训；建立公共信息服务平台，发布相关政策、创业项目和创业实训等信息。

三、进一步落实和完善大学生自主创业扶持政策，加强创业指导和服务工作

11．切实落实创业扶持政策。省级教育行政部门要按人力资源和社会保障部、教育部等《关于实施"2010高校毕业生就业推进行动"大力促进高校毕业生就业的通知》（人社部发〔2010〕25号）要求，与有关部门密切配合，共同组织实施"创业引领计划"，并切实落实以下政策：对高校毕业生初创企业，可按照行业特点，合理设置资金、人员等准入条件，并允许注册资金分期到位。允许高校毕业生按照法律法规规定的条件、程序和合同约定将家庭住所、租借房、临时商业用房等作为创业经营场所。对应届及毕业2年以内的高校毕业生从事个体经营的，自其在工商部门首次注册登记之日起3年内，免收登记类和证照类等有关行政事业性收费；登记求职的高校毕业生从事个体经营，自筹资金不足的，可按规定申请小额担保贷款，从事微利项目的，可按规定享受贴息扶持；对合伙经营和组织起来就业的，贷款规模可适当扩大。完善整合就业税收优惠政策，鼓励高校毕业生自主创业。

12．积极争取资金投入。省级教育行政部门要与有关部门协调配合，积极争取当地政府和社会支持，通过财政和社会两条渠道设立"高校毕业生创业资金""天使基金"等资助项目，重点扶持大学生创业。要建立健全创业投资机制，鼓励吸引外资和国内社会资本投资大学生创业企业。

13. 积极开展创业培训。省级教育行政部门要积极配合有关部门，对有创业愿望并具备一定创业条件的高校学生，普遍开展创业培训。要积极整合各方面资源，把成熟的创业培训项目引入高校，并探索、开发适合我国大学生创业的培训项目。同时，高等学校要加强对在校生的创业风险意识教育，帮助学生了解创业过程中可能遇到的困难和问题，不断提高防范和规避风险的意识和能力。

14. 全面加强创业信息服务。省级教育行政部门和高等学校要加大服务力度，拓展服务内涵，充分利用现有就业指导服务平台，特别是就业信息服务平台，广泛收集创业项目和创业信息，开展创业测评、创业模拟、咨询帮扶，有条件的要抓紧设立创业咨询室，开展"一对一"的创业指导和咨询，增强创业服务的针对性和有效性。

15. 高等学校要出台促进在校学生自主创业的政策和措施。高校可通过多种渠道筹集资金，普遍设立大学生创业扶持资金；依托大学科技园、创业基地、各种科研平台以及其他科技园区等为学生提供创业场地。同时，有条件的高校要结合学科专业和科研项目的特点，积极促进教师和学生的科研成果、科技发明、专利等转化为创业项目。

四、加强领导，形成推进高校创业教育和大学生自主创业的工作合力

16. 省级教育行政部门要把促进高校创新创业教育和大学生自主创业工作摆在突出重要位置。要积极争取有关部门支持，创造性地开展工作，因地制宜地出台并切实落实鼓励大学生创业的政策措施。要加大对高校创新创业教育、创业基地建设的投入力度，在经费、项目和基金等方面给予倾斜。有条件的地区可设立针对大学生的创业实践项目，为大学生创业实践活动提供小额经费支持。根据工作需要，可评选创新创业教育示范校、创业示范基地。

17. 高等学校要把创新创业教育和大学生自主创业工作纳入学校重要议事日程。要理顺领导体制，建立健全教学、就业、科研、团委、大学科技园等部门参加的创新创业教育和自主创业工作协调机制。统筹创新创业教育、创业基地建设、创业政策扶持和创业指导服务等工作，明确分工，切实加大人员、场地、经费投入，形成长效机制。

18. 营造鼓励创新创业的良好舆论氛围。省级教育行政部门和高等学校要广泛开展创新创业教育和大学生自主创业的宣传，通过报刊、广播、电视、网络等媒体，积极宣传国家和地方促进创业的政策、措施，宣传各地和高校推动创新创业教育和促进大

学生创业工作的新举措、新成效，宣传毕业生自主创业的先进典型。通过组织大学生创业事迹报告团等形式多样的活动，激发学生的创业热情，引导学生树立科学的创业观、就业观、成才观。

中华人民共和国教育部

二〇一〇年五月四日

↘ 思考与讨论一

1. 开设"创新创业教育"课程有哪些意义？

2. 谈谈你对"以创业带动就业"的认识。

3. 分组讨论，如何看待当前高校毕业生就业形势。

第二课

创新的概念与创新的类型

　　创新是人类特有的认识能力和实践能力，是人类主观能动性的高级表现，是推动民族进步和社会发展的不竭动力。一个民族要想走在时代前列，就一刻也不能没有创新思维，一刻也不能停止各种创新。创新在经济、技术等领域的研究中以及个人的自我发展等领域中有着举足轻重的分量。

一、创新的基本概念

1. 什么是创新

　　创新就是创造新事物。新事物是指对人类社会发展有益的，能推动人类社会进步，前所未有的事物。它包括新产品、新技术、新思想、新方法、新模式、新机制、新体制等。

　　创新实践首先是"想"，想前人所未想，想他人所不敢想的事，即创新性思维；其次是"干"，干前人所未干，干他人所不敢干的事，即进行创新实践活动。

　　随着科学技术的进步和社会经济的发展，人们创新意识的加强和创新水平的提升，创新已不再仅仅指经济现象，而扩展到政治、科技、文化、军事、社会生活的各个方面，出现了许多新的创新概念，如科技创新、技术创新、体制创新、管理创新、金融创新、政治创新、教育创新、文化创新、观念创新、产业创新等。

2. 创新的特征

　　（1）新颖性，是指前所未有，与众不同，即创造出新、奇、特的事物。

　　（2）普遍性，是指创新存在于人类活动的每一个领域之中。

　　（3）超前性，创新应该是超前于社会的认识，如果要实现高层次的创新，必须站得高，看得远。

（4）艰巨性，创新不可能总是一帆风顺，需要在不断的失败与困难中跋涉前进，因此，创新还需要有敢为人先的勇气和毅力。

（5）社会性，创新离不开社会，它起源于社会发展的需要，它的归宿是为社会发展服务，推动社会进步。

（6）实践性，创新依赖于实践，一方面人们要在实践中不断地发现问题，萌发创新意识，取得创新成果，另一方面，创新成果最终要回到实践中接受检验。

3. 创新能力人人都具有

"人人都是创新主体，事事都是创新舞台"。我们不要局限创新的框架，要从企业运作的每个环节找出创新的地方：重大技改是创新，小改小革也是创新；开发新产品、推行新工艺是创新，改进操作方式、提高工作效率、改善服务质量也是创新；改进方法是创新，推广和运用新方法也是创新……

由全国总工会、中央广播电视总台联合举办的 2018 年"大国工匠年度人物"发布活动，经过自下而上推荐、初选、评委会评选等环节，产生 10 位 2018 年"大国工匠年度人物"，陈行行是其中一员。陈行行，1989 年出生于山东省微山湖畔，毕业于山东技师学院，现任中国工程物理研究院机械制造工艺研究所高级技师，先后获得"全国五一劳动奖章""全国技术能手""四川工匠"等荣誉称号。他用 3 年时间完成了普通人需要 16 年时间达成的目标，成为单位在新设备运用、新功能发掘、新加工方式创新等方面的领军人才。作为研究所唯一的特聘技师，他管理着 3 个高技能人才工作站，兼任了某壳体高效加工和加工中心两个高技能人才工作站的领办人。

充分发挥主观能动性的过程，都是一个创新的过程。从这个角度讲，在实际工作中，只要我们每一位员工具有创新的意识和行为，立足岗位，创造性地开展工作，就是创新。因此，人人都具有创新的机会、条件和能力，都可以成为创新的能手。企业创新，需要人人参与。我们应破除对创新的神秘感，改变"创新与己无关"的旧意识，为企业创新发展贡献自己的力量，最终使企业上下形成"人人都要创新、人人皆可创新"的新风尚。

二、创新的基本要素

1. 创新精神

创新精神属于科学精神和科学思想范畴，是进行创新活动必须具备的一些心理特征，包括创新意识、创新兴趣、创新胆量、创新决心以及相关的思维活动。

创新精神是一种勇于抛弃旧思想旧事物、创立新思想新事物的精神。例如，不满足已有认识（掌握的事实、建立的理论、总结的方法），不断追求新知；不满足现有的生活生产方式、方法、工具、材料、物品，根据实际需要或新的情况，不断进行改革和革新；不墨守成规（规则、方法、理论、说法、习惯），敢于打破原有框框，探索新的规律、新的方法；不迷信书本、权威，敢于根据事实和自己的思考，对书本和权威质疑；不盲目效仿别人想法、说法、做法，不人云亦云，唯书唯上，坚持独立思考，说自己的话，走自己的路；不喜欢一般化，追求新颖、独特、与众不同；不僵化、呆板，灵活地应用已有知识和能力解决问题……都是创新精神的具体表现。

创新精神是科学精神的一个方面，与其他方面的科学精神不是矛盾的，而是统一的。例如，创新精神要以遵循客观规律为前提，只有当创新精神符合客观需要和客观规律时，才能顺利地转化为创新成果，成为促进自然和社会发展的动力；创新精神提倡新颖、独特，同时又要受到一定的道德观、价值观、审美观的制约。

只有具有创新精神，我们才能在未来的发展中不断开辟新的天地。

2. 创新者的素质和能力

对创新者的素质要求是创新意识、探索精神、求真务实的工作作风、广博的知识基础、良好的心理素质、顽强的战斗意志。对创新能力的要求是敏锐的观察问题、发现机会的能力、深入分析和把握关键环节的能力、自我管理和控制的能力、自我协调的能力、良好的记忆力和丰富的想象力、科学的综合创新能力。

三、创新的类型

提起创新，人们往往联想到技术创新和产品创新。其实创新的种类远不止这些。创新主要有以下几种：

（1）产品创新　产品创新可分为全新产品创新和改进产品创新。全新产品创新是指产品用途及其原理有显著的变化。改进产品创新是指在技术原理没有重大变化的情况下，基于市场需要对现有产品所做的功能上的扩展和技术上的改进。全新产品创新的动力机制既有技术推进型，也有需求拉引型。改进产品创新的动力机制一般是需求拉引型，即市场需求-构思-研究开发-生产-投入市场。

（2）技术创新　是以现有的知识和物质，在特定的环境中，改进或创造新的事物（包括但不限于各种方法、元素、路径、环境等），并能获得一定有益效果的行为。技术创新是科技创新的一种表现方式，改进现有或创造新的产品、生产过程或服务方式的技术活动。重大的技术创新会导致社会经济系统的根本性转变。

企业技术创新包括：生产工艺创新、产品性能结构创新、设备性能升级改造、新产品研发等。提高企业自主创新能力，建立企业为主体、市场为导向、产学研结合的技术创新体系，是企业生存、发展和提高综合竞争力的根本途径，是增强自主创新能力、建设创新型国家的迫切要求，是当前应对国际贸易摩擦、促进经济平稳较快发展的当务之急。

《中国制造2025》重点领域技术创新路线图（2017年版）指出，到2025年，我国通信设备、轨道交通装备、电力装备三个领域将整体步入世界领先行列，成为技术创新的引导者。

（3）制度创新　制度创新的核心内容是社会政治、经济和管理等制度的革新，是支配人们行为和相互关系的规则的变更，是组织与其外部环境相互关系的变更，其直接结果是激发人们的创造性和积极性，促使人们不断创造新的知识，实现社会资源的合理配置，创造源源不断的社会财富，最终推动社会的进步。

同时，良好的制度环境本身也是创新的产物，而其中很重要的就是创新型的政府，只有创新型政府，才会形成创新型的制度、创新型的文化。政府努力创造优质、高效、廉洁的政务环境，进一步完善自主创新的综合服务体系，充分发挥各方面的积极性，制定和完善促进自主创新的政策措施，切实执行好已出台的政策，激发各类企业特别是中小企业的创新活力。

党的十八大以来，以习近平同志为核心的党中央统筹推进"五位一体"总体布局，协调推进"四个全面"战略布局，着力抓好"破"和"立"两篇文章，大力推进制度创新，全面深化改革取得历史性突破，为推进新时代中国特色社会主义事业提供了重要保障。总结改革经验，深化对制度创新的规律性认识，对于继续推进全面深化改革具有重要意义。

坚持从实际出发，准确把握制度创新的标准。理论源于实践，改革必须从自身实际出发，我国的制度创新必须基于我国社会主义初级阶段的基本国情和中国特色社会主义进入了新时代的时代背景，以及它们在具体地区和领域的具体表现，如果照搬照抄他人经验，囫囵吞枣、食洋不化，最终只会搬起石头砸自己的脚。要坚持用历史的、发展的观点来推进制度建设，统筹考虑可行性与必要性，标准既不能过高，也不能过低。标准过低，无法体现制度引领和规则作用；但如果标准定得过高，要求过于超前，也会导致无法落实，成为空中楼阁。制度的生命力在于执行，要始终从实际出发，有理想但不理想化，做不到的宁愿不写，写上就要一寸不让抓落实，真正通过制度创新推动事业发展。

在市场经济条件下，企业是独立的商品生产者和经营者，是社会经济有机体的细胞，它的运行和发展，需要一定的机制来推动，这种机制就是企业经营机制。企业创新活动是企业的根本活动，是一个有机过程，这个过程的有效运行同样需要依靠一定的机制来支持和推动，这种机制就是企业创新机制，即企业不断追求创新的内在机能和运转方式。在市场经济中，企业最重要的机制就是企业创新机制。

现代企业制度创新是为了实现管理目的，将企业的生产方式、经营方式、分配方式、经营观念等规范化设计与安排的创新活动。制度创新是把思维创新、技术创新和组织创新活动制度化、规范化，同时又具有引导思维创新、技术创新和组织创新的功效。它是管理创新的最高层次，是管理创新实现的根本保证。企业制度创新的目的是建立一种更优的制度安排，调整企业中所有者、经营者、劳动者的权利和利益关系，使企业具有更高的活动效率。

（4）管理创新　是指在特定的时空条件下，通过计划、组织、指挥、协调、控制等手段，对系统所拥有的生物、非生物、资本、信息、能量等资源要素进行再优化配置，并实现人们新诉求的生物流、非生物流、资本流、信息流、能量流目标的活动。企业管理创新，最重要的是在组织高管层面有完善的计划与实施步骤以及对可能出现的障碍与阻力有清醒认识。帮助企业领导人塑造这方面的能力，将使创新与变革成为可能。

（5）营销创新　就是根据营销环境的变化情况，并结合企业自身的资源条件和经营实力，寻求营销要素在某一方面或某一系列的突破或变革的过程。

营销创新是我国企业与国际竞争环境接轨的必然结果，亦是企业在竞争中生存与发展的必要手段。国内市场与国际市场的对接这直接导致我国企业竞争环境的改变和竞争对手的增多。而面对这一切，我国企业表现出诸多的劣势，尤其是营销观念落后这一致命弱点，使企业面对强大的竞争对手和高超的营销手段不知所措。

还有一些企业体制的问题同样降低了企业的竞争力。要解决这些问题，则须从营销管理方面入手进行变革和创新。因为营销创新是提高企业市场竞争力的途径。另外，通过营销创新，企业能科学合理地整合各种资源，并能提高产品的市场占有率。

营销创新是企业发展之源，也是目前中国企业遇到销售瓶颈问题时寻求突破的有效方法。比如，从"节庆营销"到"人工造节"，"双十一""6·18"等消费节日已经成为汇聚规模化流量，最终完成变现的重要渠道。营销者面向互联网平台的海量用户，通过造节来降低人们消费时的价格敏感，赋予消费者参与激情购买的理由，从而实现拉动规模化消费爆发式增长的最终目标。

延伸阅读

激发创新思维潜能

创新思维是指以新颖独创的方法解决问题的思维过程，通过这种思维能突破常规思维的界限，以超常规的方法、视角去思考问题，提出与众不同的解决方案，从而产生新颖的、独到的、有社会意义的思维成果。

实践证明，人的创新思维潜能是可开发的，激发创新思维的潜能有以下几种方式：

（1）**良性暗示**。暗示可分为积极暗示即"良性暗示"、消极暗示即"负面暗示"。学者们认为，暗示通过显意识进入潜意识，到达意识的深层部分。从这个方面讲，潜意识是暗示的积累与沉淀。它从根本上影响着、折射着、塑造着人的生命。暗示在深层潜意识中潜伏着，持久地延续着。与显意识相比，潜意识平时处于压抑状态，暗示积淀的各种各样的图景处在被压抑、封锁、束缚、控制的状态。遇到偶然的机会，潜意识会在意识中出现，此时其表现形式被称为灵感、直觉、想象等。

良性暗示能够开发头脑中的思维潜能。所以我们应该尽可能多地从周围环境和别人那里得到积极暗示，或者直截了当地对自己进行良性暗示，同时要拒绝和抛弃那些压抑思维潜能的消极暗示。

自我暗示有五条原则。①简洁：默念的句子要简单有力。例如"我越来越进步"

等。②正面：这一点极为重要，应尽量避免消极的语言印在潜意识里。③信念：句子要有可行性，避免与心理产生矛盾与抗拒。④意象：默诵或朗诵自己定下的语句时，要在脑海里清晰地形成意象。⑤感情：要把感情贯注进去，依靠思想和感情的协调去行动。

（2）幽默氛围。幽默，是个人生活中的"调味品"，对于缓解生活紧张、协调人际关系，都有重要的作用。从创新思维的角度来说，各种类型的幽默都是言谈举止方面所表现出来的一种创意。也就是说，能够引人发笑的地方，一定是出乎意料的新东西，对于众所周知的陈旧的事物，人们是不会发笑的。

幽默与创新思维之间存在着密切的关系，一个人要想激发出幽默，必然要摆脱理性思考和固有结论的束缚，而这正是创新思维的必要条件。

例如，幽默故事的构成通常都是这样的：起初是一连串合乎逻辑的情节发展，并让听众产生紧张感，急于知道结局；然后，一条出人意料的线索突然插进来，形势便急转直下，原先的紧张感突然消失，听众便不由自主地笑起来。

可见，幽默是开放思维潜能的一种重要方法。

（3）快乐心灵。"快乐"与"幸福"含义相同，在许多种语言中，二者都是使用同一个词来表示的。快乐在我们看来是有价值的东西，是人生追求的重要目标，甚至可以说是最重要的目标。历史上很多著名的伦理学家，都把"研究大多数人的幸福（快乐）"当作追求目标，用来衡量各类事物是否有价值及其价值大小。

快乐，是主体自我感觉到的一种自在、舒服的心理状态。快乐自身与引起快乐的原因是两回事，快乐可以由物质性的事物引起，但是快乐本身却不属于物质的范畴，而是属于精神的范畴。既然人们都认为快乐是有价值的，那么，怎样才能得到快乐呢？初看起来，这个问题很简单。快乐是由许多不同的事物引起的，只要我们确认了那些引起快乐的事物，并且想方设法得到它们，我们不就能够在那些事物的刺激下获得快乐了吗？所谓"寻找快乐"，其实是寻找那些能够引起快乐的事物。

人生万事，都能引起我们的快乐，关键是去寻找。而寻找快乐的最好工具，就是创新思维。新的思维视角能够引发快乐，而旧的思维定式则能够导致痛苦。许多科学实验都已经证明了这一点。

（4）右脑思维。大脑的左、右两个半球分别称为左脑和右脑。它们表面有一层约 3 毫米厚的大脑皮质或大脑皮层。两半球在中间部位相接。1981 年，美国神经生理学家斯佩里发现人的左脑、右脑具有不同的功能。右脑主要负责直感和创造力，主管形象思维、判定方位等，左脑主要负责语言和计算能力，主管逻辑思维。一般认为，左脑是优势半球，而右脑功能普遍得不到充分发挥。

从创新思维的角度来说，开发右脑的功能具有十分重大的意义。因为右脑的开发有助于打破各种各样的思维定式，提高想象力和形象思维能力。近年来，不少人对锻炼、开发右脑功能发生浓厚兴趣。提倡开发右脑功能，正是为了求得左、右脑平衡和互补，以期最大限度地提高人脑的效率。而两个大脑半球的活动更趋协调后，将进一步提高人的智力和创新能力。

（5）头脑风暴法。头脑风暴法原意为用脑力去冲击某一问题的创造方法。作为一种创造方法，它在韦氏国际大字典中被定义为：一组人员通过开会方式对某一特定问题出谋献策，群策群力，解决问题。这种方法的特点是克服心理障碍，思维自由奔放，打破常规，激发创造性的思维活动，获得新观念，并创造性地解决问题。奥斯本创建此法最初是用在广告设计活动中。后经本人不断改进和泰勒、帕内斯、戈登等人完善和发展，头脑风暴法成为世界范围内应用最广泛、最普及的集体创造方法，在技术革新、管理革新、社会问题的处理、预测、规划等许多领域都显示了它的威力。

头脑风暴法如何能激发创造思维？根据奥斯本本人及其他研究者的看法，主要有以下几点：

1）联想反应。联想是产生新观念的基本过程。在集体讨论问题的过程中，每人提出一个新观念，都能引发他人的联想。相继提出一系列的新观念，产生连锁反应，为创造性地解决问题提供了更多的可能性。

2）热情感染。在不受任何限制的情况下，集体讨论问题能激发人的热情。人人自由发言、互相影响、互相感染，突破固有观念的束缚，最大限度地发挥创造性的思维能力。

3）竞争意识。在有竞争意识的情况下，人人争先恐后，竞相发言，不断地开动思维，力求有独到见解和新奇观念。心理学研究证明，人类有争强好胜心理，在有竞争意识的情况下，人的心理活动效率可增加50%或更多。

4）个人欲望。在集体讨论解决问题过程中，个人的欲望不受任何干预和控制，是非常重要的。头脑风暴法有一条原则，不得批评他人的发言，甚至不许有任何怀疑的表情、动作和神色。这样就能使每个人都能畅所欲言，提出大量的新观念。

1. 简述什么是创新。

2. 创新的特征有哪些？

3. 为什么说创新能力人人都有？

4. 分组讨论，如何认识创新概念。谈谈你知道的创新事例。

第三课

思维创新与创新技法

　　思维创新是培养创新能力的起点和关键。一个人要想创新，首先要有创新意识，要敢于创新，其次，必须突破思维定式和障碍，突破旧的框框，不拘泥于某种结论，从实际出发，与时俱进，发现创新点，形成新思路，提出新方案。

　　做任何工作都有规律和方法可循，创新和发明创造也是如此，同样有规律可循，有方法可用。创新技法是从创造技法中套用过来的，是创造学家根据创新思维的发展规律而总结出来的一些原理、技巧和方法。

一、思维创新

　　创新思维是一切产生崭新内容的思维形式的总和。凡是能想出新点子、创造出新事物的思维都属于创新思维。这是对事物间的联系进行前所未有的思考，从而创造出新事物的思维方法。创新思维可分为：发散思维、收敛思维、想象思维、联想思维、逻辑思维与辩证思维。

1. 发散思维

　　发散思维是指人在思维过程中，无拘束地将思维由一点向四面八方展开，从而获得众多的解决问题的设想、方案和办法的思维过程。发散思维，形象描述就是从问题对象和问题中心出发，形成多条思维，各条思维好像多条光线一样向外放射。每一条思维都是由问题中心发出，但各条思维之间没有逻辑上的联系，互相的转换不是直接的。发散思维本质上是一种非逻辑的思维方式，所以，发散思维所捕捉到的思维目标有可能远离头脑中已有的逻辑框架而具有新意，成为一个新的创新萌芽。因而，发散思维在创造活动中具有重要作用。

2. 收敛思维

收敛思维又称集中思维,是一种寻求唯一答案的思维,其思维方向总是指向问题中心。和发散思维相反,收敛思维在解决问题的过程中,总是尽可能地利用已有的知识和经验,把众多的信息和解决问题的可能性逐步引导到条理化的逻辑链中去。

收敛思维是一种求同思维,它集中各种想法的精华,对问题进行系统全面的考察,为寻求一种最有实际应用价值的结果,而把多种思维理顺、筛选、综合、统一。发散思维是一种求异思维,把各种不同的可能性都设想到。收敛与发散是一种辩证关系,既有区别又有联系,既对立又统一。没有发散思维的广泛收集和多方搜索,收敛思维就没有了加工材料;没有收敛思维的过程,发散思维的结果再多,也不能形成有意义的创新结果。只有两者协同动作,交替运用,一个创新过程才能圆满完成。

3. 想象思维

想象思维是人脑通过形象化的概括作用对头脑中已有的记忆表象进行加工、改造或重组的思维活动。想象力是否丰富,是想象思维能力强弱的判断依据。

4. 联想思维

联想思维是指在人脑中记忆表象系统中由于某种诱因使不同表象发生联系的一种思维活动。联想思维按联想类型可分为:①接近联想,时间或空间、功能或用途、结构或形态上的接近都可以引起不同事物之间的联想;②对比联想,由事物间完全对立或存在某种差异而引起的联想;③因果联想,由于两个事物存在因果关系而引起的联想。

5. 逻辑思维

逻辑思维就是依据逻辑形式进行的思维活动。逻辑思维的基本规律有:同一律、矛盾律、排中律和充足理由律。我们平时所说的定义、依据、实验、验证、划分、观察、假设等方法,都是建立在逻辑思维基础上的。逻辑思维在实践活动中的主要作用是:有助于人们正确认识客观事物,使人们通过揭露逻辑错误来发现和纠正谬误,帮助人们更好地去学习知识,有助于人们准确地表达思想。运用逻辑思维也可以取得创新性的思维成果。化学家门捷列夫在创立元素周期表后,就运用逻辑思维,严密地推断出当时还没有发现的新元素的存在，并计算出新元素的原子量。

6．辩证思维

辩证思维指的是按照辩证逻辑的规律，即唯物辩证法的规律进行的思维活动。辩证思维是高级的思维活动，它依据唯物辩证法来认识客观事物，揭露事物内部的深层次矛盾，从哲学的高度为人们提供世界观和方法论。创新性活动需要创造性思维，而辩证思维是一种科学的思维方式，是坚持用马克思主义辩证法来看待问题分析问题的思维方法。因而这种思维方式无论在创新理论、创新生产、创新管理方式、创新模式、创新产品等方面都会发挥重要作用，甚至将起到突破性的作用。

二、创新技法

创新技法是创新思维的外显形式，创新技法可分为：设问法、组合型法、逆向转换型法、分析列举型法、联想类比法等。

1．设问法

设问法是以提问的方式寻找发明的途径，从不同的角度多方面来进行设问检查，对拟改进创新的事物进行分析，使问题具体化，以缩小需要探索和创新的范围。

2．组合型法

组合型法就是指按照一定的技术原理或功能目的，将现有的科学技术原理、方法、现象、物品作适当的组合或重新安排，从而获得具有统一整体功能的新技术、新产品、新形象的创新技法。

3．逆向转换型法

逆向转换型法就是指以逆向思维的方式进行创新的开发思维。人们将通常思考问题的思维反转过来，以悖逆常规、常理或常识的方式去寻找解决问题的新路径、新方法。逆向思维可以挑战习惯性思维，克服心理定式，在理论创新、技术创新、产品创新上有突出的作用。

4. 分析列举型法

分析列举型法是通过列举有关项目来促进全面考虑问题，防止遗漏，从而形成多种构想方案的方法。分析列举型法本质上是一种分析方法。分析就是把整体分解成部分，把复杂的事物分解成简单要素，分别加以研究的一种思维方法。分析列举型法有助于克服心理障碍、改善思维方式，在创造发明活动中有实际的作用，对改进老产品、开发新产品是非常实用的。

5. 联想类比法

联想类比法是指不同事物或现象在一定关系上的部分相同或相似，通过两类对象之间某些方面的相同或相似推出其他方面的相同或相似的方法。联想类比法在科学研究、技术创新和各种创造活动中均有使用。

创意：坐栏花盆

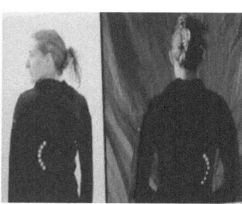

创意：转向灯骑车夹克

三、扩展思维视角

创新，就必须从新的视角切入。扩展思维视角对认识客观事物会有极大的影响，这是因为：

第一，事物本身都有不同的侧面，从不同的角度去考察，就能更加全面地接近事物的本质。第二，世界上的各种事物都不是孤立存在的，它们与周围的其他事物有着千丝万缕的联系，我们在观察研究某一未显露本质的事物时，可以从与它有联系的另一些事物中找到切入点。第三，事物是发展变化的，发展变化的趋势有多种可能性。人们在观察和思考的时候，大多只注意到事物发展趋势较明显的特征，这就叫常规视角。对于那些不明显、很难被注意和捕捉的事物特征或发展趋势，就要采取非常规的视角去观察和认识。从这种非常规的视角发现的事物特征或发展趋势，往往就是新发现，也就是创新思维的出发点。第四，克服思维定式。生活中往往有这样的情况，从事某个专业的技术人员对工作范围内的一些现象习以为常；一些规章制度、工作方式方法虽然有问题，也适应了；对于专业领域的技术规范、操作规程，也很熟悉。可是，新人就可能发现问题，提出合理化建议。这就是思维视角改变的作用和效果。

人的思维活动不仅有方向，有次序，还有起点。在起点上就有切入的角度，这就是思维视角。对于创新活动来说，这个起点和切入的角度非常重要。

对于创新思维来说，惯常定势是一种消极性的东西，它使头脑忽略了定势之外的事物和观念。而根据社会学、心理学和脑科学的研究成果来看，惯常定势似乎是难以避免的。通过科学的训练能够削弱惯常定势的强度，但不能从根本上解决问题。解决这个问题的一条思路是，尽量多地增加头脑中的思维视角，学会从多种角度观察同一个问题。

延伸阅读 1

屠呦呦与青蒿素

我们知道，中医学中提取药物的有效成分都是采取"热提取工艺"，就像我们熬中药那样。古典中医书上记载，青蒿中含有抗疟疾的成分。但采取热提取工艺却不能将青蒿素提取出来，越是提高温度，出来的有效成分越少。这使我国的许多中医药研究人员百思不得其解。后来，中医研究院屠呦呦查阅大量资料反复思考，得到启发。屠呦呦在 2015 年诺贝尔生理学或医学奖颁奖会演讲中说："当年我面临研究困境时，又重新温习中医古籍，进一步思考东晋（公元 3～4 世纪）葛洪《肘后备急方》有关'青蒿一握，以水二升渍，绞取汁，尽服之'的截疟记载。这使我联想到提取过程可能需要避免高温，由此改用低沸点溶剂的提取方法。"经过反复实验，她终于获得成功，分离提纯出抗疟新药青蒿素。这一成果居世界先进水平。在此基础上，她又进一步改造其化学结构，研制出蒿甲醚、蒿乙醚、双氢青蒿素等，为我国中医药事业的发展做出了重大贡献，并赢得了国际声誉。

从普通工人到国家科技进步奖得主

1990 年，王洪军从技工学校毕业后进入一汽集团，从事轿车车身调整和钣金整修工作。多年来，他立足岗位，苦练技能，钻研技术，大胆创新，创建的"王洪军轿车钣金快速修复法"，使轿车维修速度快、效果好、花钱少。同时还为公司解决了高难钣金整修问题，挽回了大量因报废件、报废车身而造成的损失，5 年为公司创造经济效益 3400 多万元。钣金整修和调整劳动强度非常大，而且打磨时还有大量的粉尘，很多人不愿意干这项工作，而他一干就是 18 年。

展车是汽车博览会的"名片"，以前公司每年都要花费大笔资金聘请德国专家制作展车。于是王洪军利用一切机会学习、揣摩制作展车的技术，经过几年的勤学苦练，终于研制出制作展车的技术。

2003 年，一汽集团利用该技术在没有请德国专家的情况下，只用两周就完成了外国专家需要两个月才能完成的展车任务，从此结束了公司每年需要花大笔资金聘请德国专家的历史。

王洪军共研制了 40 多种 2000 多件工具，发明了 100 多种快速整修方法，并于 2006 年荣获了"国家科学技术进步奖二等奖"。在他心中，究竟怎么理解自主创新，王洪军告诉记者："创新不是为了创新而创新，也不是为了获奖或得到别人承认。创新是为了事情有一个好的结果，比如节约资金、材料，提高劳动生产率。"他表示，一线工人创新有优势，因为他们最清楚怎样去做才最好。领导交代什么才去做什么的观念有局限性。劳动光荣不仅意味着吃苦流汗，更要求我们用自己的聪明才智和学识体现劳动价值。

王洪军获得国家科技进步二等奖后，德国大众集团专门为他发来了贺电，贺电写道：尊敬的王先生，我们为有你这样的优秀员工而深感自豪和荣耀，作为半个世纪以来工人获得国家科学技术进步奖的第一人，您已经成为大众集团员工学习的榜样。我们高兴地通知您，您将作为"大众集团奥林匹克员工活动"的一员，届时出席 2008 年奥运会及相关活动。

王洪军是在一汽这块沃土上培养出来的创新型工人的典型代表，是一汽实施打造"三高"人才战略结出的丰硕成果，他的事迹已经在一汽产生了王洪军效应，兴起一个学知练技、勇于创新的热潮。一汽广大员工以王洪军为楷模，"学习、创新、抗争、自强"，建设"三化"新一汽。王洪军的事迹闪耀着时代的光环，经全国各大主流媒体的报道，激发了千万产业工人的创新热情，他们正以饱满的精神和昂扬的斗志投身到创新型国家的建设中，为中国经济的腾飞，为和谐社会的建设建功立业。

（摘自《搜狐汽车》）

↘ 思考与讨论三

1. 什么是思维创新？
2. 本课介绍了几种创新技法？你能再列举出几种创新技法吗？
3. 为什么说创新必须扩展思维视角？
4. 分组讨论，屠呦呦团队研制青蒿素的过程，对我们将来创新创业有什么启示。

第四课

创新创业与自我发展

广义的创业包含两个方面的内容，一是指个人创办企业、开设公司、开店经商等；二是指个人立足本职岗位，创立一番事业。通常人们所说的创业指的是前者，称为"狭义创业"或"自主创业"。我们这里所说的创业，是指"自主创业"。

一、为什么要倡导创新

1. 发展的希望在创新

中国共产党第十六次全国代表大会的报告中指出："创新是一个民族进步的灵魂，是一个国家兴旺发达的不竭动力，也是一个政党永葆生机的源泉。"跨入新世纪，创新已经成为时代的主旋律。一个民族、一个国家、一个政党的兴旺发达离不开创新，一个地区、一个企业的发展腾飞同样也离不开创新，一个期望事业取得成就的年轻人更离不开创新。

中国共产党第十八次全国代表大会的报告中指出：科技创新是提高社会生产力和综合国力的战略支撑，必须摆在国家发展全局的核心位置。要坚持走中国特色自主创新道路，以全球视野谋划和推动创新，提高原始创新、集成创新和引进消化吸收再创新能力，更加注重协同创新。深化科技体制改革，推动科技和经济紧密结合，加快建设国家创新体系，着力构建以企业为主体、市场为导向、产学研相结合的技术创新体系。完善知识创新体系，强化基础研究、前沿技术研究、社会公益技术研究，提高科学研究水平和成果转化能力，抢占科技发展战略制高点。实施国家科技重大专项，突破重大技术瓶颈。加快新技术、新产品、新工艺研发应用，加强技术集成和商业模式创新。完善科技创新评价标准、激励机制、转化机制。实施知识产权战略，加强知识产权保护。促进创新资源高效配置和综合集成，把全社会智慧和力量凝聚到创新发展上来。

习近平在党的十九大报告中指出：加快建设创新型国家。创新是引领发展的第一动力，是建设现代化经济体系的战略支撑。要瞄准世界科技前沿，强化基础研究，实现前瞻性基础研究、引领性原创成果重大突破。加强应用基础研究，拓展实施国家重大科技项目，突出关键共性技术、前沿引领技术、现代工程技术、颠覆性技术创新，为建设科技强国、质量强国、航天强国、网络强国、交通强国、数字中国、智慧社会提供有力支撑。加强国家创新体系建设，强化战略科技力量。深化科技体制改革，建立以企业为主体、市场为导向、产学研深度融合的技术创新体系，加强对中小企业创新的支持，促进科技成果转化。倡导创新文化，强化知识产权创造、保护、运用。培养造就一大批具有国际水平的战略科技人才、科技领军人才、青年科技人才和高水平创新团队。

当前，世界经济和科技正在走向全球化，科学技术发展和应用的速度加快，产品开发周期缩短，世界市场竞争激烈，社会变动快速而不稳定。同时，国家、地区、企业和单位发展不平衡，矛盾错综复杂，贫富差距加大，全球化引发的突发机遇和突发危机并存。一个国家自主创新能力越强，越能开展国际合作，越能和他国一起形成双赢的局面；反之，越没有自己的力量，就越受制于他国。要想自立于世界民族之林，就必须要有自己的原动力，不断提出创新的思维、创新的产品、创新的管理方法、创新的机制等。

2. 创新能力是核心能力的核心

学校的目标应该是教给学生不断发展的能力。不断发展的能力包括三个层次：第一个层次叫作职业特有能力，即一个职业所需要的特定能力；第二个层次叫作行业通用能力，每个行业都有其通用的能力；第三个层次是能力核心层次，即核心能力，又称为关键能力，不管从事哪个行业、哪种职业，都需要具有核心能力。

核心能力体系包括8项主要能力，即交流表达能力、数字演算能力、与人合作能力、自我提高能力、解决问题能力、信息处理能力、外语应用能力和创新能力。理论和实践都已证明，这8种能力，是未来一切劳动者面对产业变革和职业变革，应对社会挑战，实现个人职业生涯成功所必备的基本能力。创新能力作为8种核心能力之一，它又是核心能力的核心，因为其他7种能力本身也存在与创新能力结合的问题。

二、创新与创业的关系

1. 创新的基本概念

创新的基本概念在第二课已讲到。创新是指人们为了发展的需要,运用已知的信息,不断突破常规,发现或产生某种新颖、独特的有社会价值的新事物、新思想的活动;创新的本质是突破,即突破思维定式或常规定律。创新活动的核心是"新",它或者是产品的结构、性能和外部特征的变革,或者是造型设计、内容的表现形式和手段的创造,或者是内容的丰富和完善。

创新有三种类型:一是突破性创新,其特征是打破陈规,改变传统;二是渐进式创新,特征是采取下一逻辑步骤,让事物越来越美好;三是运用式创新,特征是采用横向思维,以全新的方式应用原有事物。

人类的创新可以分解为两个部分,一是思考,想出新主意,二是行动,根据新主意做出新事物,一般是先有创新的主意,然后才有创造创新的行动。

2. 创业的基本概念

从狭义创业的角度来说,创业有不同类型、不同层次。如开店做买卖、开一家作坊、创办企业、开设公司、承包经营(承包土地搞养殖、种植、生态农业观光旅游)等。

现在国内传统行业的创业虽然还很多,但是已经远远赶不上新兴行业的创业步伐。

新兴产业指的是新的科研成果与技术发明,随着两者的广泛应用而出现新的行业和部门,如今新兴行业主要包括电子、网络、生物、新能源等。

网络经济产业不仅是指京东商城、阿里巴巴这样的网络商城营销模式。未来的网络经济将会以其无边境、多层次参与的方式,更迅捷地冲向经济的各个领域。现在兼职网上开店的人群,正在形成一股强大的潮流,将改变传统的商品买卖方式和生活方式。网络经济产业将促进与网络传输相关的电脑、手机、新型金融等产业的变革和创新。

3. 创新创业的概念

创新创业是指在创新基础上的创业活动,创新是创业的基础和前提,同时创业又是创新成果的载体和呈现方式,并在创业活动过程中,不断优化资源配置、总结提炼,以实现创新的更新与升级。创新带动创业，创业促进创新。

创新创业是通过对已有技术、产品和服务的优化组合，实现现有资源的优化配置，给客户带来更大、更多的新价值，从而开创所在创业领域的"蓝海"，获取更多的竞争优势，也获取更大的回报。

创新创业与传统创业的根本区别在于创业活动中是否有创新因素。这里的创新不仅指的是技术方面的创新，还包含管理创新、知识创新、流程创新、营销创新等。

创业者只有通过创新，才能使所开拓的事业生存、发展并保持持久的生命力。大学生创业，需要有创新意识、创新思维、创新技能、创新品质，才能在激烈的市场竞争环境下开辟创业之路。可以说创新是创业者实现创业目标的核心。

三、开发创新能力促进自我发展

创新能力人人都有，创新能力也是可开发的。对于个人，通过开发自己的创新能力而提高生存竞争能力和创业能力已是必由之路。实践证明，具有较高创新能力的人，工作适应面广，工作效率高。当今社会千变万化，新知识、新事物、新问题层出不穷，一个人无论从事什么工作，都必须具备创造性地解决问题的能力。

创新首先应具有创新意识，没有创新意识就不会有创新活动；没有创新活动也就没有创新成果。创新意识是创造新事物的关键。

创新意识由好奇心、竞争、怀疑、灵感、求知、个人求发展的动力和创造性思维等因素组成。这些因素相互联系、相互促进，形成创新意识。

"大众创业、万众创新"成为中国国家战略之后，在全国范围内掀起一股创业创新的风潮，那么大学生作为高素质人才选择创业，以创业带动就业岗位增加及缓解就业压力，是当今高校就业观念的新趋势。

当代大学生想要在激烈的社会竞争中立于不败之地，实现自身价值，就必须在大学期间不断充实自我，无论是在理论、实验学习过程中，还是在社会活动实践过程中，都要注意思维创新和技法创新的训练，培养自身各个方面的能力与素质。创新、创业意识的培养，有助于大学生完善自我，实现自我价值。大学生通过创业，将自己所追求的管理理念、工作方式与思维运用到创业实践中。

深化高校创新创业教育改革方案
努力造就大众创业　万众创新生力军

2015 年 5 月 5 日，时任教育部党组书记、部长袁贵仁主持召开党组会，传达学习李克强总理在五四青年节给清华大学学生创客的重要回信精神，研究部署贯彻落实工作。会议强调，要把深化高校创新创业教育改革作为推进高等教育综合改革的重要抓手和突破口，促进高等教育与科技、经济、社会紧密结合，加快培养规模宏大、富有创新精神、勇于投身实践的创新创业人才，为建设创新型国家、实现"两个一百年"奋斗目标和中华民族伟大复兴的中国梦提供强大的人才智力支撑。

会议指出，李克强总理的重要回信，充分体现了对高校创新创业教育的高度重视，特别强调了激发青年学生创新创业的重要意义，充分表达了对青年学生通过创新创业施展才华、实现人生价值的殷切期望，对于进一步加强高校创新创业教育，推动大众创业、万众创新持续蓬勃发展，具有十分重要的意义。我们要认真学习领会回信精神，贯彻落实党中央、国务院关于创新创业人才培养的决策部署，主动适应经济发展新常态，深化高校创新创业教育改革，促进高校毕业生更高质量创业就业，为打造经济发展新引擎贡献教育力量。

会议就贯彻落实工作提出四点要求。

一是把学习贯彻回信精神与贯彻落实《国务院关于进一步做好新形势下就业创业工作的意见》结合起来，着力推动创新创业，积极拓宽就业渠道，切实加强就业创业指导服务，全力做好新形势下高校毕业生就业创业工作。

二是全面深化高等学校创新创业教育改革。要完善人才培养质量标准，健全创新创业教育课程体系，创新人才培养机制，改革教学方法和考核方式，强化创新创业实训实践，改革教学和学籍管理制度，加大大学生创新创业活动支持和保障力度，努力造就大众创业、万众创新生力军。

三是抓紧启动"互联网＋"大学生创业大赛。要精心设计大赛方案，为大学生将奇思妙想转化为现实产品提供舞台、搭建平台，通过大赛推动成果转化、产教结合、教学相长，实现创新引领创业、创业带动就业。

四是加强高校众创空间和创客文化建设。充分利用大学科技园、实验教学示范中心、工程实践教育中心等，建设一批大学生创客空间，不断壮大大学生创客队伍。

（摘自《中国教育报》）

高校创新创业教育改革

总体目标

① 2015年	② 2017年	③ 2020年
全面深化高校创新创业教育改革	普及创新创业教育	健全高校创新创业教育体系

延伸阅读2

创意产业　扬帆起航

"资本和技术主宰一切的时代已经过去，创意的时代来临了！"这句曾在美国硅谷和华尔街盛行的流行语，如今已开始被许多国人接受，强调文化艺术对经济的渗透和贡献的、被称为"创意产业"的理念正在中国蔓延。

这里的创意产业，是指那些从个人的创造力、技能和天分中获取发展动力的企业，以及那些通过对知识产权的开发创造潜在财富和就业机会的活动，主要包括建筑艺术、艺术和古董市场、手工艺品、时尚设计、电影与录像、交互式软件、音乐、表演艺术、出版业、软件及计算机服务，电视、广播，以及旅游、博物馆和美术馆、文化遗产和体育等。

继上海市推出"创意产业——城市发展的新引擎"后，北京市也提出将重点扶持影视、出版、演出、艺术品经营、动漫和网络游戏六大创意产业。刚刚应运而生的首都师范大学"北京创意产业研究所"，更映射出人们对创意的渴望。

北京创意产业研究所所长王鸿冀告诉记者，在知识经济时代，产品和服务的"文化价值"和"创意价值"显得越来越重要，所有经济和产业的"文化属性"和"创意属性"也在逐渐增加。而在信息技术的推动下，创意产业的创意经济正成为文化工业的一个重要的发展方向：以文化为主体内容的工业将成为新经济的核心，以创意为基础的文化工业将成为经济发展新的动力引擎。

（摘自《中国教育报》）

↘ 思考与讨论四

1. 谈谈创新能力对职业生涯发展的重要性。

2. 为什么说创新创业首先要培养创新意识？

3. 谈谈创新与创业的关系。

4. 分组讨论，大学生在校期间如何培养创新能力。

第五课

创业者的素质和能力

创业者是指通过发现某种信息、资源、机会或掌握某种技术，利用或借用相应的平台或载体，将其发现的信息、资源、机会或掌握的技术，以一定的方式，转化、创造成更多的财富、价值，并实现某种追求或目标的过程的人。

创业者是创业的主体。创业者既可以是一个单独的个体，也可以是一个团队。

一、创业者的素质要求

创业的过程受到诸多因素的影响，这就决定了自主创业不可能一蹴而就，因此创业者需要具有一定的创业素质和创业能力。在大学毕业生创业的过程中，困难、挫折甚至失败是在所难免的。创业与创业者的意志品质、商业意识、性格、兴趣爱好和特长等有着紧密的联系。

1. 创业意识

创业意识是创业素质的重要组成部分，包括创业动机、创业兴趣和创业理想等。

创业动机是指推动创业者从事创业实践活动的内部动因，是一种成就动机，是竭力追求获得最佳效果和优异成绩的心理动力。有了创业动机，才会有创业行为。

创业兴趣是指创业者对从事创业实践活动的情绪和态度的认识指向性。它能激活创业者的深厚情感和坚强意志，使创业意识得到进一步升华。

创业理想是指创业者对从事创业实践活动的未来奋斗目标有较为稳定和持久的向往和追求的心理品质。创业理想属于人生理想的一部分，但主要是一种职业理想和事业理想。创业理想是创业意识的高级形式，有了创业理想，就意味着创业者的创业意识已基本形成。

2. 创业者意志及个性

创业者作为企业经营管理决策人员，应有坚定的信念、坚忍的精神、必胜的信心和充沛的精力等。

创业者必须敢于创新。作为创业者如果没有创新精神，不敢冒风险，就根本谈不上开拓进取。只有敢于试验，才能走出新路，干出一番全新的事业。

创业者必须充分显示自己的个性。创业者最重要的内在素质，归结到一点，就是个性。个性特征包括主动性、洞察力、疑问性、独创性、自信心、严密性、幽默感和勇气等。

创业者经营时必须有战略眼光，能根据外部环境的变化迅速做出决策；创业者也是宣传家，要善于广泛地传播自己的企业文化，提高企业的知名度和美誉度。

二、创业者的知识及能力

大学生创业时面对着茫茫商海，仅具备一定的创业素质是不够的，还要有一定的知识和能力。

1. 创业者的知识要求

创业者应具有扎实的专业知识和宽广的综合知识，只有这样才能正确分析形势，把握事物发展的全局，提出独到的见解和谋略，认清事物的本质，把握其规律，实现创业目标。

创业者应具备相关的商业知识，如商品交换、商品流通等知识。

创业者应具备一定的管理知识，如人事管理、资金财务管理、物资管理、生产管理和市场营销管理等知识。

创业者应具备相关的法律知识，如工商注册登记、经济合同和税务等法律知识。

2. 创业者的能力要求

对创业者来说，具备各种能力是创业成功的充分条件。因此，毕业生开始创业或在创业过程中都必须不断培养和提高其创业能力。这里所说的创业能力，可分解为学习能力、开拓创新能力、组织领导能力、协作能力和交际能力。

（1）学习能力　即获取知识的能力，包括对知识的接受、转化与应用。

（2）开拓创新能力　创业与创新有着密不可分的联系，创新贯穿于创业的全过程。创新是知识经济的主旋律，是企业化解外界风险和取得竞争优势的有效途径。

（3）组织领导能力　创业者应具有出色的领导能力，有对自己员工的指挥、调动、协调以及对非人力资源的集中分配、调度和使用能力。

（4）协作能力　协作是创业者事业成功的重要支持力量，是善于合作共事的心理品质。

（5）交际能力　即在人际交往中能做到热情、真诚待人，能理解对方的心理，促进相互间的心灵沟通，建立理想的人际关系。成功的社会交往是促使创业成功的推进器。

三、创业者素质和能力的培养

1. 创业者素质的培养

（1）意志品质培养　意志品质培养需要树立崇高的理想和志向，将理想和实际工作目标结合起来，在具体学习和工作中严于律己，出色地完成各项任务；同时要积极参加各种实践活动，加强意志的自我锻炼，积极参加体育活动，培养健康的体魄和意志品质。

（2）创业意识的培养　目前我国大学在校生和毕业生创业比例低和成功率低的状况，与学校创业教育的缺失有很大关系。来自新加坡的 BNI 公司中国代表处首席代表郭祖荫博士介绍说，在新加坡，创业教育从小学就开始了，学校通过"虚拟股份"之类游戏寓教于乐，对学生进行创业意识教育。

创业意识的形成要经过一段漫长的时间，同学们在学习期间可以通过专业知识的学习，选修企业经营、企业管理等课程，参加生产实习（了解实习）、社会调查等，培养自己的创业意识。毕业生在就业过程中还应该注重了解企业的生产、管理和销售等知识，注意培养自己的创业意识。

大学生要努力提高自身的能力与素质，主动并勇于锻炼自身的创业能力。在大学期间，学生不仅应努力学好自己的专业知识，还应拓展知识面，优化、完善自身的知识结构，增加现代化管理知识的学习，注重创业理论知识的储备，同时，还应勇于实践，把所学的理论知识运用到将来创业实践中去。

2. 创业者能力的培养

（1）通过学习增长知识、提高智力　创业者必须经过理论和实践的学习使自己成为"T"形知识结构人才。"T"形是用字母 T 来表示，上面一横是指知识的广博性，下面一竖是指专业知识。具有"T"形知识结构的人才也称为通才，创业者应当是通才。

（2）通过学习和实践增长才能　创业能力的获得和提高，除了通过学习理论知识来培养自己的创业知识和能力外，更应注重在实践中锻炼和培养。事物是多种多样、变化无常的，客观情况和环境也是复杂多变的，创业者必须重视实践活动，并在实践活动中积累经验，培养自己的分析判断、决策、交流、组织指挥能力等。

延伸阅读1

创业者需具备8种素养

新创企业的兴衰成败，在很大程度上取决于创业者的素质。一个成功的创业者通常需要具备哪些方面的素养呢？

（1）宏观意识　开个小店是创业，办个工厂也是创业；三百六十行，行行都有自己的门道。但是国际形势在不断地变化，国内政策也在不断地调整，市场的波动可能带来机会，也可能带来毁灭性的灾难。培养宏观意识有利于抓住机会，避开危险。创业者要培养全球化意识，学会从宏观上分析问题，从高处往下看，反过来再寻找向上的阶梯。虽然创业者要从小处做起，但是最终能够发展起来的都是具有宏观意识、能够把握住机会的人。

（2）理性思维　创业是一步一步做大的，创业者要克服好高骛远、好大喜功的想法，树立务实的创业精神。作为创业者，应当志存高远，但是同时也需要有脚踏实地的实干精神，按照市场规律办事，从小处做起。秦池酒厂花三亿元争夺广告"标王"，搞一个名牌，极具赌博性；巨人集团刚有几千万资金，就要建亚洲第一高楼。这些都属于典型的急功近利、不切实际的非理性决策。企业要根据现有的条件以及外部环境提供的可能性，制定切实可行的方案，进行理性决策。

（3）风险意识　创业不能靠运气，而要靠胆识和谋略，但不能靠不计后果的赌博。它集融资与投资为一体，因此必须要有一定的风险意识以及防范风险的意识。判断一定要准确、合理，考虑自己的能力及风险承受能力；还要时刻注意环境的变化，把风险控制在最低程度。

（4）人品正直 作为创业者，企业规模小的时候，实行"人管人"；企业发展到了一定规模，创业者必须建立规矩和标准，适应"制度管人"。创业者必须以人为本，学会管人、育人、用人、激励人；切忌"家长制""一言堂"，克服个人英雄主义倾向，尊重人才，用好人才。创业者必须遵守诺言，信誉是金字招牌，忌信口开河、廉价承诺。自己做错了事情就要勇于承认错误，绝不狡辩；同时要做规章制度的模范执行者。

（5）自我否定 从就业者到创业者，有时会犯经验主义错误。经验是一种宝贵的财富，背离自己的经验，倾听下属的建议有时不容易做到，但是对于创业者来说却是非常重要的。刚愎自用、拒绝否定自我是创业过程中最大的敌人，也是许多创业者最容易犯的错误。从某种意义上看，创业者大多数是理想的现实主义者，他们希望以一种浪漫的手法来实现自己的目标。创业者必须做好两点：一是要对经验采取审视态度；二是善于倾听，老老实实地读书、想问题，认认真真地向别人请教，使自己具有持之以恒的创新精神。

（6）运筹能力 初创企业的发展总是从小到大的。企业小时，创业者需要务实；做大了就要适当务虚。创业者必须能妥善分配企业的资源，调整企业的方向，应该追求运筹帷幄、决胜千里，切忌凭借感觉和冲动做事；如果做错了再去救火，企业可能已经破产了。创业者对日常每一项工作都应该按照统筹学的要求，慎重地对待每一次决策，时刻警惕着市场上的点滴变化。

（7）协作精神 学会如何与他人合作是创业者要解决的一大难题。许多合作不欢而散，原因一是个人过于主观；二是利益上的冲突难以协调。但是对于企业来讲，协作是非常重要的，许多情况下把人员组织好，就可以做出很好的业绩来。创业者选好自己的项目以后，要培养与人协作的精神，不要自以为是、目中无人，也不要钻到"钱眼"里。协作包括两个方面：一是与外部单位的合伙，在这方面要有长远眼光；二是与内部员工的合作，不要斤斤计较，在利益分配上要公正、合理，学会与人交流，加强与合作者情感上的沟通，居高临下的姿态是不可取的。

（8）个人魅力　个人魅力作为职务影响力的必要补充，可以凝聚人心，鼓舞士气，使员工乐意为自己的企业工作，也可以给自己的合作伙伴留下美好的印象。个人魅力对于创业者来说，第一是讲信誉，所谓"言必信，行必果"；第二是诚实，要切合实际制定方案；第三是胸襟宽广，厚人薄己，勇于承担责任；第四是要懂得一些必要的专业知识。此外作为创业者，还应该关心职工的工作、学习与生活，服务于企业，造福于社会。

（摘自《中国教育报》）

延伸阅读2

创业可行性自测

1）你对创业企业的法律知识是否明确？

是　不确定　否

2）你有把握筹集到创建自己企业的启动资金吗？

是　不确定　否

3）你确定了将要出售的商品或提供的服务吗？

是　不确定　否

4）你是否作了市场细分并确定了你的销售对象？

是　不确定　否

5）你是否访问过10位以上潜在的顾客，并向他们了解对你的产品或服务的意见？

是　不确定　否

6）你知道谁是你的现实或潜在的竞争对手？

是　不确定　否

7）你对主要竞争对手做过优势和劣势比较吗？

是　不确定　否

8）你的开业地址确定了吗？

是 不确定 否

9）你对销售的商品或提供的服务制订出价目表了吗？

是 不确定 否

10）你是否决定花一部分钱做广告宣传？

是 不确定 否

11）你对企业的促销做出了预算吗？

是 不确定 否

12）你是否已作了一年的销售预测？

是 不确定 否

13）你是否已经根据销售预测做出了盈亏平衡分析？

是 不确定 否

14）你对开业一年的损益状况做出预测分析吗？

是 不确定 否

15）你第一年的经营能保证不亏损吗？

是 不确定 否

16）你制订了第一年的现金流量计划吗？

是 不确定 否

17）你和开业有关的政府各部门都接洽过吗？

是 不确定 否

18）如果向银行贷款，你是否有担保的资产？

是 不确定 否

19）你知道需要怎样的人员配置吗？

是 不确定 否

20）你知道雇用员工所必须了解的法律知识吗？

是 不确定 否

21）你知道对员工必须承担的责任和义务吗？

是 不确定 否

22）你知道什么是为职工缴纳的"三金"吗？

是 不确定 否

23）你知道你的企业必须投保哪些险种吗？

是　不确定　否

24）你的企业是否需要办理"特种行业"的申办手续？

是　不确定　否

25）你对申办企业的手续做过详尽的咨询和调查吗？

是　不确定　否

26）你清楚你的企业必须办理哪些许可证吗？

是　不确定　否

27）你是否为申办你的企业制订了申办流程和期限表？

是　不确定　否

28）你对将涉足的行业了解或懂行吗？

是　不确定　否

29）你办企业是否获得家人的支持并已安排好了家庭开支？

是　不确定　否

30）你是否坚信一定能把自己的企业办好？

是　不确定　否

提示：选择"是"得3分，选择"不确定"得1分，选择"否"得0分。

满分为90分，高分可达80分以上；如果你的得分为60分以下，建议你再作努力，等准备较充分时再进入创业实施阶段。

↘ 思考与讨论五

1. 简述创业者的含义。

2. 创业者需具备哪些素质？

3. 创业者需具备哪些能力？

4. 分组讨论，大学生在校期间如何培养创业者的素质和能力？

社会发展需要创业者

解决就业不足的有效办法是什么？就是自己为自己制造饭碗——自主创业。国家或社会的财富很大一部分是由商业活动创造的，创业在经济体系中发挥着重要作用。企业是提供就业机会的主要力量，即为那些需要工作而且想要工作的人提供就业机会。有报酬的就业水平对国民福利来说是至关重要的。

一、产业结构的调整需要创业者

随着我国经济的发展和改革的逐步深入以及经济结构战略性调整的不断推进，产业结构的调整也加快了步伐。许多行业中原有投资主体退出，个别行业萎缩或消失，而新的投资者出现，新兴的行业将迅速崛起。新兴行业的出现和投资主体的多元化将推动一大批创业者的产生与发展。

党的十八大报告中指出："要推进经济结构战略性调整。这是加快转变经济发展方式的主攻方向。必须以改善需求结构、优化产业结构、促进区域协调发展、推进城镇化为重点，着力解决制约经济持续健康发展的重大结构性问题。"

产业结构优化是经济结构战略性调整的核心。加快产业结构优化，实现三大产业之间及其内部关系协调和升级。要继续加强第一产业，巩固第一产业的基础地位，提升第二产业，增强第二产业的核心竞争力，大力发展第三产业，让第三产业在国民经济中发挥更大作用。三大产业的产值和劳动力比例由目前的"二、三、一"结构调整为"三、二、一"结构。要继续走中国特色的农业现代化道路、新型工业化道路和服务业现代化道路。三大产业都需要进一步提高产品或服务质量，在国际市场上形成有影响力的品牌，增加产品或服务的附加值。要在改造提升传统产业的同时，大力发展战略性新兴产业。要根据不同情况选择劳动密集型、资本密集型、技术密集型和知识密集型等各种生产要素的结构组合。要充分发挥市场机制在经济结构调整中的基础性作用，同时也要充分发挥政府在产业结构调整中的引导作用。

服务业是国民经济的重要组成部分，具有涉及领域广、带动就业多、消耗资源少、拉动增长作用强等特点。优化产业结构，必须把发展服务业作为战略重点，不断提高服务业比重和水平。大力发展面向民生的服务业，在巩固传统业态基础上，积极拓展新型服务领域，不断培育形成服务业新的增长点。着力发展生产性服务业，培育研发设计、现代物流、金融服务、信息服务和商务服务，促进制造业与服务业、现代农业与服务业融合发展。从促进消费升级出发，不断创造新的消费需求，特别是要把基于宽带和无线的信息消费作为新一轮扩大消费需求的重点领域，积极培育发展电子商务、网络文化、数字家庭等新兴消费热点。深化服务领域改革开放，营造服务业大发展的政策和体制环境，构建充满活力、特色明显、优势互补的服务业发展格局。

在大力发展第三产业方针的指导下，第三产业将蓬勃发展。为适应社会发展和产业结构调整的需要，就要有更多的人创办第三产业，为我国的改革发展注入新的活力。可以看出，迅速发展的社会不仅需要人们创业，呼唤人们创业，而且也为创业者创造了前所未有的机遇和条件。

二、"互联网 +" 时代需要创业者

在这个全民互联网时代，互联网思维正影响着每个人，越来越多的人倾向于互联网创业。近年来，活跃的创投资本和国家政策的大力支持，使得依靠互联网技术从事经济活动的企业大量出现。

无数个外行颠覆内行的案例告诉我们，只要能抓住用户的痛点，创业就会获得无数拥趸，从而走上成功之路。尤其是响应政府号召，搭上"互联网+"的快车，更是打开了大众创业、万众创新的局面。

不断增长的创客资源成为新兴群体，通过创新创业的驱动改变了移动互联网的风向。对于消费者

互联网思维

来说，既有了选择的主动权，又有了选择的意识。这种选择的意识不再受资本市场所束缚，而是靠个人兴趣，有能力选择自己定制的产品。在创客的创意下，互联网这种

工具赋予了用户更多自由表达的空间，只要创新就能不断赢得用户，占领市场。

众创空间作为"中国梦"的孵化平台，正成为创业者的梦想之源。创业者经过生存之路、探索之路、发展之路，正在创造资本市场的奇迹。在"互联网＋"时代，创业的成功率提高了。它的奥秘就在于选择了和传统行业更深层次的融合，而不是对抗，坚定地站在传统行业的肩膀上，通过互联网手段进行价值链重塑，提高效率。

积土成山，风雨兴焉。创业不要怕"小"，"小而美"才是未来。在行业越来越细分化的趋势下，这种"小"对于逆变成一个大企业是有帮助的。新兴的创业者，基于"小"这一点突破，就是要尽快找到用户的核心点，和拥有几百万、几千万用户的 APP（Application，智能手机第三方应用程序）相比，有十万活跃的核心用户的 APP 更具价值。

三、"智能"时代需要创业者

人工智能是对人的意识、思维的信息过程的模拟，起源于 20 世纪 50 年代，几经起伏，近 30 年获得巨大发展。

人工智能时代无疑是 2019 年最火的概念，人们热火朝天地研究人工智能之时，智能化应用也渐渐走进大众生活。随着智能办公、智能家居和智能医疗的相继面世，可以说智能时代已经遍地开花。

20 世纪 90 年代，互联网创业成就 BAT 以及中国高科技企业，而物联网人工智能创业将成就亿万中国人，这是 2018 年的互联网大会上深圳市乐源实业股份有限公司董事长林志坚先生对记者说的。如何在互联网人工智能时代创业？这是困扰中国千万创业青年的一座大山。要不想创业没技术，要不有技术没资金，总之就是创业成功的机会渺茫。如何让自己在人工智能时代创业成功呢？

1. 分析人工智能

人工智能，英文缩写为 AI，是研究、开发用于模拟、延伸和扩展人的智能的理论、方法、技术及应用系统的一门新的技术科学。人工智能是对人的意识、思维的信息过程的模拟。关于人工智能的信息都能在互联网上搜索到，因此人工智能创业第一步就是分析人工智能。

2. 了解人工智能

物联网时代，人工智能跟云计算、大数据是构成物联网体系的主要架构。而智能机器人是物联网时代实现这些智能技术的终端。了解人工智能时代的构成，是进行人工智能创业成功的重要一步。古人言：知己知彼百战不殆，人工智能创业也是如此，只有了解了人工智能，看清了人工智能，未来你才会成功。

3. 加盟人工智能

人工智能机器人有很多种，例如，工业机器人、服务机器人、教育机器人等，在这些智能机器人中，每一个都代表领域内最先进的科学技术成果。为什么要加盟？人工智能时代机器人技术研发难度很高，资金投入大，风险高，个人或小企业无法承担。加盟成为人工智能时代创业成功率最高的实例。

人工智能是物联网时代长久不衰的产业，要想在人工智能领域快速赚到自己人生第一桶金，那就要分析人工智能的市场潜力以及发展方向，从而了解人工智能，最后选一个符合自己创业目标的智能机器人。人工智能创业没那么难，相信自己就会成功的。

延伸阅读 1

李克强对首届中国"互联网＋"大学生创新创业大赛作出重要批示

首届中国"互联网＋"大学生创新创业大赛总决赛于 2015 年 10 月 19 日至 20 日在吉林长春举行。中共中央政治局常委、国务院总理李克强对大赛作出重要批示。批示指出：大学生是实施创新驱动发展战略和推进大众创业、万众创新的生力军，既要认真扎实学习、掌握更多知识，也要投身创新创业、提高实践能力。中国"互联网＋"大学生创新创业大赛，紧扣国家发展战略，是促进学生全面发展的重要平台，也是推动产学研用结合的关键纽带。教育部门和广大教育工作者要认真贯彻国家决策部署，积极开展教学改革探索，把创新创业教育融入人才培养，切实增强学生的创业意识、创新精神和创造能力，厚植大众创业、万众创新土壤，为建设创新型国家提供源源不断的人才智力支撑。

时任中共中央政治局委员、国务院副总理刘延东 20 日接见首届中国"互联网＋"

大学生创新创业大赛获奖学生、指导老师和专家评委代表，出席深入推进高校创新创业教育改革座谈会并讲话。她强调，要全面落实党中央、国务院决策部署，认真贯彻李克强总理重要批示精神，切实增强深入推进高校创新创业教育改革的责任感和紧迫感，全面提高人才培养质量，为促进大众创业万众创新和建设创新型国家提供有力人才支撑。

刘延东强调，人是创新的最关键因素，创新驱动是人才驱动。加快实施创新驱动发展战略，迫切需要深化高校创新创业教育改革。要进一步促进高等教育改革发展，牢固树立科学的教育理念，落实立德树人根本任务，优化专业结构，提高教育质量，促进学生在创新创业中全面发展，适应和服务经济社会发展和国家战略需求。要把创新创业教育融入人才培养体系，改革教育教学内容方法，改进课程，强化实践。大力推进高校与政府、社会、行业企业协同育人，开展实质性、高水平的国际交流合作，吸引优质教育资源，促进科研成果转化。提升教师创新创业教育的意识和能力，开展专门培训，完善考核评聘制度。她要求，各地区、各有关部门及全国高校要加强规划、配套政策、协调指导，形成创新创业教育改革的强大合力，让支持大学生创新创业在全社会蔚然成风。

（摘自《中国政府网》2015 年 10 月 20 日）

延伸阅读 2

创新驱动发展战略

"创新驱动发展战略"相信大家并不陌生，党的十八大明确提出："科技创新是提高社会生产力和综合国力的战略支撑，必须摆在国家发展全局的核心位置"。强调要坚持走中国特色自主创新道路、实施创新驱动发展战略。这是我们党放眼世界、立足全局、面向未来作出的重大决策。

学习贯彻十八大精神，就要以全球视野谋划和推动自主创新，着力增强创新驱动发展新动力，加快形成经济发展新方式，推动经济社会科学发展、率先发展。

"创新驱动发展"战略有两层含义：

一是中国未来的发展要靠科技创新驱动，而不是传统的劳动力以及资源能源驱动；

二是创新的目的是为了驱动发展，而不是为了发表高水平论文。

2006 年全国科技大会以及十七大都明确提出科技发展要紧紧围绕经济社会发展这

个中心任务，要解决制约经济社会发展的关键问题，尤其是明确提出要建立以企业为主体、以市场为导向、产学研结合的创新体系，让企业成为创新主体。高技术不再是独立发展的产业，而要与传统产业全面结合。十八大的"创新驱动发展"是对上述认识的精辟总结，也为科研人员提供了广阔的舞台。

实施创新驱动发展战略，将科技创新摆在国家发展全局的核心位置，实现到2020年进入创新型国家行列的目标，必须充分认识实施创新驱动发展战略的重大意义，抓住重点，形成合力。此外，实施创新驱动发展战略，也有一定意义。

第一，对我国形成国际竞争新优势、增强发展的长期动力具有战略意义。改革开放以来，我国经济快速发展主要源于发挥了劳动力和资源环境的低成本优势。进入发展新阶段，我国在国际上的低成本优势逐渐消失。与低成本优势相比，技术创新具有不易模仿、附加值高等突出特点，由此建立的创新优势持续时间长、竞争力强。实施创新驱动发展战略，加快实现由低成本优势向创新优势的转换，可以为我国持续发展提供强大动力。

第二，实施创新驱动发展战略，对我国提高经济增长的质量和效益、加快转变经济发展方式具有现实意义。科技创新具有乘数效应，不仅可以直接转化为现实生产力，而且可以通过科技的渗透作用放大各生产要素的生产力，提高社会整体生产力水平。实施创新驱动发展战略，可以全面提升我国经济增长的质量和效益，有力推动经济发展方式转变。

第三，实施创新驱动发展战略，对降低资源能源消耗、改善生态环境、建设美丽中国具有长远意义。实施创新驱动发展战略，加快产业技术创新，用高新技术和先进适用技术改造提升传统产业，既可以降低消耗、减少污染，改变过度消耗资源、污染环境的发展模式，又可以提升产业竞争力。

（摘自《微尚时代》2018年1月12日）

思考与讨论六

1. 为什么说"产业结构调整"需要创业者？
2. 为什么说"互联网＋"时代需要创业者？
3. 为什么说"智能"时代需要创业者？
4. 分组讨论，结合自身情况说说在哪个产业创业会更适合。

第七课

大学生创业新政策

为了鼓励和支持大学生创新创业，国务院和地方各级政府、高校，先后出台了许多支持和优惠政策，了解、认识、运用好这些政策，对于青年大学生投身创新创业实践，走出创业第一步既重要，又非常必要。

一、国家对大学生创业政策支持

1. 国务院关于推动创新创业高质量发展打造"双创"升级版的意见（国发〔2018〕32 号）

着力促进创新创业环境升级：（三）简政放权释放创新创业活力。进一步提升企业开办便利度，全面推进企业简易注销登记改革。积极推广'区域评估'，由政府组织力量对一定区域内地质灾害、水土保持等进行统一评估。推进审查事项、办事流程、数据交换等标准化建设，稳步推动公共数据资源开放，加快推进政务数据资源、社会数据资源、互联网数据资源建设。清理废除妨碍统一市场和公平竞争的规定和做法，加快发布全国统一的市场准入负面清单，建立清单动态调整机制。（市场监管总局、自然资源部、水利部、发展改革委等按职责分工负责）

（四）放管结合营造公平市场环境。加强社会信用体系建设，构建信用承诺、信息公示、信用分级分类、信用联合奖惩等全流程信用监管机制。修订生物制造、新材料等领域审查参考标准，激发高技术领域创新活力。引导和规范共享经济良性健康发展，推动共享经济平台企业切实履行主体责任。建立完善对'互联网＋教育''互联网＋医疗'等新业态新模式的高效监管机制，严守安全质量和社会稳定底线。（发展改革委、市场监管总局、工业和信息化部、教育部、卫生健康委等按职责分工负责）

（五）优化服务便利创新创业。加快建立全国一体化政务服务平台，建立完善国家数据共享交换平台体系，推行数据共享责任清单制度，推动数据共享应用典型案例经验复制推广。在市县一级建立农村创新创业信息服务窗口。完善适应新就业形态的用工和社会保险制度，加快建设'网上社保'。积极落实产业用地政策，深入推进城镇低效用地再开发，健全建设用地'增存挂钩'机制，优化用地结构，盘活存量、闲置土地用于创新创业。（国务院办公厅、发展改革委、市场监管总局、农业农村部、人力资源社会保障部、自然资源部等按职责分工负责）

加快推动创新创业发展动力升级：（六）加大财税政策支持力度。聚焦减税降费，研究适当降低社保费率，确保总体上不增加企业负担，激发市场活力。将企业研发费用加计扣除比例提高到75%的政策由科技型中小企业扩大至所有企业。对个人在二级市场买卖新三板股票比照上市公司股票，对差价收入免征个人所得税。将国家级科技企业孵化器和大学科技园享受的免征房产税、增值税等优惠政策范围扩大至省级，符合条件的众创空间也可享受。（财政部、税务总局等按职责分工负责）

（七）完善创新创业产品和服务政府采购等政策措施。完善支持创新和中小企业的政府采购政策。发挥采购政策功能，加大对重大创新产品和服务、核心关键技术的采购力度，扩大首购、订购等非招标方式的应用。（发展改革委、财政部、工业和信息化部、科技部等和各地方人民政府按职责分工负责）

（八）加快推进首台（套）重大技术装备示范应用。充分发挥市场机制作用，推动重大技术装备研发创新、检测评定、示范应用体系建设。编制重大技术装备创新目录、众创研发指引，制定首台（套）评定办法。依托大型科技企业集团、重点研发机构，设立重大技术装备创新研究院。建立首台（套）示范应用基地和示范应用联盟。加快军民两用技术产品发展和推广应用。发挥众创、众筹、众包和虚拟创新创业社区等多种创新创业模式的作用，引导中小企业等创新主体参与重大技术装备研发，加强众创成果与市场有效对接。（发展改革委、科技部、工业和信息化部、财政部、国资委、卫生健康委、市场监管总局、能源局等按职责分工负责）

（九）建立完善知识产权管理服务体系。建立完善知识产权评估和风险控制体系，鼓励金融机构探索开展知识产权质押融资。完善知识产权运营公共服务平台，逐步建立全国统一的知识产权交易市场。鼓励和支持创新主体加强关键前沿技术知识产权创造，形成一批战略性高价值专利组合。聚焦重点领域和关键环节开展知识产权"雷霆"专项行动，进行集中检查、集中整治，全面加强知识产权执法维权工作力度。积极运用在线识别、实时监测、源头追溯等'互联网＋'技术强化知识产权保护。（知识产权局、财政部、银保监会、人民银行等按职责分工负责）"

2. 教育部关于做好 2019 届全国普通高等学校毕业生就业创业工作的通知（教学〔2018〕8 号）

推动双创升级,着力促进高校毕业生自主创业：7. 全面深化高校创新创业教育改革。各地各高校要将创新创业教育贯穿人才培养全过程,把创新创业教育和实践课程纳入高校必修课体系,促进创新创业教育与专业教育有机结合、与思想政治教育深度融合。开展好大学生创新创业训练计划、中国'互联网＋'大学生创新创业大赛和'青年红色筑梦之旅'活动,着力培养学生的创新意识、实践能力和奋斗精神。

8. 落实完善创新创业优惠政策。各地要配合有关部门深化商事制度改革,进一步完善落实税费减免、创业担保贷款、创业培训补贴等优惠政策。各高校要按照《普通高等学校学生管理规定》要求,进一步细化创新创业学分积累与转换、弹性学制管理、保留学籍休学创业、支持创新创业学生复学后转入相关专业学习等政策,允许本科生用创业成果申请学位论文答辩。

9. 加大创新创业场地和资金扶持力度。各地各高校要加强大学科技园、创业孵化基地等创新创业平台建设,为大学生创新创业提供场地支持。各高校要积极推动各类研究基地、实验室、仪器设备等教学资源向创新创业学生开放。有条件的地区要积极推进设立高校毕业生就业创业基金,高校要通过政府支持、学校自设、校外合作、风险投资等方式多渠道筹措资金,支持大学生自主创业。

10. 加强创业指导与服务。各地各高校要进一步建立健全各级各类大学生创业服务平台,为大学生创业提供项目对接、财税会计、法律政策、管理咨询等深度服务。鼓励各高校聘请行业专家、创业校友、企业家等担任大学生创业团队指导教师,鼓励专业教师、实验室老师全程指导大学生创新创业。

二、地方政府创业政策支持

1. 2019 年安徽省大学生创业扶持政策

为支持大学生创业,各级政府出台了许多优惠政策,涉及融资、开业、税收、创业培训、创业指导等诸多方面。

放宽创业领域,凡法律法规没有禁止的行业和领域,各类创业主体均可进入,并平等享受相关优惠政策。

放宽注册名冠，依法申办的企业、个体工商户，冠市名不受注册资本限制，冠"安徽"省名由市工商局直接联网申报核准。

放宽预备期营业执照范围，凡企业申请登记的经营范围涉及前置行政审批而暂不能提交审批文件、证件的，工商机关可在该经营范围后标明"筹备"字样，颁发筹备期营业执照。

大学生创业注册资本"零首付"，毕业两年内的高校毕业生投资设立50万元以下的有限责任公司可"零首付"注册，自公司成立之日起3年内缴足注册资本。

明确非货币资产注册比例，允许投资人使用知识产权、科技成果等非货币资产作价出资创办中小企业，无形资产出资额最多可达企业注册资本的70%。

免收行政事业性收费，对高校毕业生、登记失业人员、返乡农民工等涉及管理类、登记类和证照类的各项行政事业性收费。

明确创业扶持群体，对毕业两年内的高校毕业生和中等职业技术学校毕业生、登记失业人员、返乡农民工等依法从事个体经营的，除免收有关行政事业性收费外，对自筹资金不足的，可申请不超过5万元的小额担保贷款；符合小型微利企业条件的，减按20%的税率征收企业所得税，并按规定给予一定比例贷款贴息。

2. 江西省高校毕业生创业优惠政策

免收有关行政事业性收费，毕业2年内的普通高校毕业生从事个体经营（除国家限制的行业外）的，自其在工商部门首次注册登记之日起3年内，免收管理类、登记类和证照类等有关行政事业性收费。

免费保管个人档案，离校未就业、到小微企业和自主创业的高校毕业生，其档案可由当地省、市、县一级的公共就业和人才服务机构免费保管。

取消高校毕业生落户限制，允许高校毕业生在创业地办理落户手续。

减免税收，对持《就业失业登记证》或《就业创业证》（注明"自主创业税收政策"）人员从事个体经营的，在3年内按每户每年9600元为限额依次扣减其当年实际应缴纳的营业税、城市建设税、教育费附加和个人所得税。

创业担保贷款及贴息，个体创业担保贷款最高额度为10万元；对符合二次扶持条件的个人，贷款最高限额30万元；对合伙经营和组织起来创业的，贷款最高限额50万元；对劳动密集型小企业（促进就业基地）等，贷款最高限额400万元。创业项目前景好，但自筹资金不足且不能提供反担保的，通过诚信度评估后，可采取信用担保或互联互保方式进行反担保，给予创业担保贷款扶持。

各地都出台了相应的"大学生创业扶持政策"，可在政府网站或当地政府相应部门咨询。

三、利用好创业优惠政策

当前，所说的大学生创业分两个概念，一种是毕业后创业、另一种指在校期间创业。在校大学生创业除了解创业注册登记、金融货款、税收、企业运营等方面优惠政策外还要了解学籍管理方面的政策。

利用"互联网＋"创业优惠政策，国务院办公厅印发《关于支持农民工等人员返乡创业的意见》提出，引导和鼓励电子商务交易平台渠道下沉，带动返乡人员依托其平台和经营网络创业。事实上，这并非第一次将农村互联网创业一事上升至国家战略层面，理清这一话题，避不开李克强总理在 2015 年两会的政府工作报告中提出的"互联网＋"行动计划，而第一个方向重点着落在电商（创业）上。商务部办公厅关于印发《2015 年电子商务工作要点》的通知明确提到：促进农产品流通和农村电子商务应用。推进电子商务进农村综合示范，支持电子商务企业、供销社、邮政以及大型龙头流通企业建设改造农村电子商务配送及综合服务网络，促进电子商务在工业消费品、生产资料下乡和农产品、特色产品进城双向流通网络中的应用。加大农村商务信息服务工作力度，扩大服务范围，建立完善农产品网上购销常态化对接和卖难预警救助机制。多渠道培训农村电子商务从业人员和消费群体，支持农村青年和返乡大学毕业生网上创业。与主流媒体合作宣传推广农产品电子商务典型案例。地方商务主管部门要着力完善农村、农产品电子商务应用环境，研究制订促进政策和措施，推动农产品电子商务规范有序发展和农村商务信息服务普及应用。

利用众创空间方面的政策，2015 年 1 月 28 日，李克强总理主持召开国务院常务会议，确定支持发展"众创空间"的政策措施，为创业创新搭建新平台。会议指出，顺应网络时代推动大众创业、万众创新的形势，构建面向人人的"众创空间"等创业服务平台，对于激发亿万群众创造活力，培育包括大学生在内的各类青年创新人才和创新团队，带动扩大就业，打造经济发展新的"发动机"，具有重要意义。

自 2015 年国务院办公厅《关于发展众创空间推动大众创新创业的指导意见》出台以来，众创空间从无到有、从小到大，经历了在探索中不断发展壮大的历程。作为一个新生事物，众创空间具有低门槛、全要素、便利化等特征。近年来，众创空间和科技企业孵化器已经成为支撑供给侧结构性改革、培育发展新动能、孕育企业家精神的重要载体和关键抓手，成为优化创新创业生态的重要一环。来自科技部的数据显示，截至 2017 年底，全国共有各类众创空间 5700 多家，科技企业孵化器超过 4000 家，创业孵化平台当年孵化团队和企业超过 50 万家。

国务院 2018 年印发的《关于推动创新创业高质量发展打造"双创"升级版的意见》提出，提升孵化机构和众创空间服务水平，大力促进创新创业平台服务升级。在经历这两年快速发展之后，随着自身数量和孵化企业数量的规模化增长，众创空间努力实现高质量发展的要求更加迫切，需要通过"理念升级"推动其进一步提升。

延伸阅读 1

国家税务总局　财政部　人力资源社会保障部　教育部
民政部关于支持和促进重点群体创业就业有关
税收政策具体实施问题的补充公告

国家税务总局　财政部　人力资源社会保障部　教育部　民政部公告 2015 年第 12 号

为贯彻落实《财政部 国家税务总局 人力资源社会保障部 教育部关于支持和促进重点群体创业就业税收政策有关问题的补充通知》（财税〔2015〕18 号）精神，现对《国家税务总局 财政部 人力资源社会保障部 教育部 民政部关于支持和促进重点群体创业就业有关税收政策具体实施问题的公告》（2014 年第 34 号）有关内容补充公告如下：

一、《就业失业登记证》更名为《就业创业证》，已发放的《就业失业登记证》继续有效。

　　二、取消《高校毕业生自主创业证》后，毕业年度内高校毕业生在校期间从事个体经营享受税收优惠政策的，按规定凭学生证到公共就业服务机构申领《就业创业证》，或委托所在高校就业指导中心向公共就业服务机构代为其申领《就业创业证》；毕业年度内高校毕业生离校后从事个体经营享受税收优惠政策的，按规定直接向公共就业服务机构申领《就业创业证》。公共就业服务机构在《就业创业证》上注明"毕业年度内自主创业税收政策"。

　　本补充公告自发布之日起施行。

　　特此公告。

国家税务总局　财政部　人力资源社会保障部

教育部　民政部

2015 年 2 月 13 日

延伸阅读2

江苏省大学生创业优惠政策

税收优惠

　　1. 持《就业失业登记证》（注明"自主创业税收政策"或附着《高校毕业生自主创业证》）的高校毕业生在毕业所在自然年（即 1 月 1 日至 12 月 31 日）从事个体经营的，3 年内按每户每年 8000 元为限额依次扣减其当年实际应缴纳的营业税、城市维护建设税、教育费附加和个人所得税。

　　2. 对高校毕业生创办的小型微型企业，按规定落实好减半征收企业所得税、月销售额不超过 2 万元的暂免征收增值税和营业税等税收优惠政策。

　　3. 留学回国的高校毕业生自主创业，符合条件的，可享受现行高校毕业生创业扶持政策。

小额担保贷款和贴息支持

　　1. 对符合条件的高校毕业生自主创业的，可在创业地按规定申请小额担保贷款。

　　2. 从事微利项目的，可享受不超过 10 万元贷款额度的财政贴息扶持。对合伙经营和组织起来就业的，可根据实际需要适当提高贷款额度。

　　3. 在电子商务网络平台开办"网店"的高校毕业生，可享受小额担保贷款和贴息政策。

免收有关行政事业性收费

毕业 2 年以内的普通高校毕业生从事个体经营（除国家限制的行业外）的，自其在工商部门首次注册登记之日起 3 年内，免收管理类、登记类和证照类等有关行政事业性收费。

享受培训补贴

对高校毕业生在毕业学年（即从毕业前一年 7 月 1 日起的 12 个月）内参加创业培训的，根据其获得创业培训合格证书或就业、创业情况，按规定给予培训补贴。

免费创业服务

有创业意愿的高校毕业生，可免费获得公共就业和人才服务机构提供的创业指导服务，包括政策咨询、信息服务、项目开发、风险评估、开业指导、融资服务、跟踪扶持等"一条龙"创业服务。各地在充分发挥各类创业孵化基地作用的基础上，因地制宜建设一批大学生创业孵化基地，并给予相关政策扶持。对基地内大学生创业企业要提供培训和指导服务，落实扶持政策，努力提高创业成功率，延长企业存活期。

↘ 思考与讨论七

1. 国家颁发的大学生创业优惠政策有哪些？
2. 搜一搜省、市颁发了哪些创业优惠政策。
3. 分组讨论，从现有（国家、省市、学校）大学生创业优惠政策中筛选出大学生在创业中可能用到的政策。

第八课

立志创业　实现梦想

树立正确的创业观念，做好积极创业的思想准备，是创业成功的前提和基础。择业是起点，创业是追求。创业是拓展职业生活的关键环节，在就业压力较大的社会环境中，创业意识强烈并且思想准备充分，就能获得更好的发展机会。

一、大学生创业三部曲

创业，首先要有创业的勇气和创业的精神。创业是创造性的事业，从无到有，从小到大，需要有坚忍、顽强、不屈不挠的坚强意志。既要自信"天生我材必有用"，又要面对困难"不怕几次反复从头再来"，认准目标义无反顾，相信"走下去前面必定是个天"，有志者事竟成。

原北京市社会科学院院长朱明德教授在谈大学生创业时提出："根据中国国情，我提出大学生创业的'家业、事业、伟业'三部曲之说"。

大学生首先应该有创家业之心。家业是解决衣、食、住、行的生计问题，大学生毕业的第一件事是先养活自己，解除家庭经济负担。创家业可分为三级：一是仅仅维持基本生计；二是温饱有余，开始步入小康；三是比较"富裕"，具有了创业的基础。

在解决生存问题的同时，个人能力也得到了提升，视野逐步宽阔，这时就是创事业的时机了。事业也可分为两个层次：小成和大成。当奋斗到物质财富和精神财富积聚到一定程度的时候，不能失去奋斗目标，而要保持清醒的头脑，应知道在事业有成的基础上还有伟业值得去奋斗。创伟业者应是对祖国、民族乃至整个人类发展产生了重大影响的物质财富和精神财富的创造者。

每个大学生都应该胸怀创伟业的远大理想，满怀创事业的执着之心，从创家业的起点出发，去实现自己的人生价值。

当然，凡事都需要具体问题具体分析，每个人应该根据实际情况找到自己的起点，既可以直接从创事业开始，也可以从创家业开始，锻炼自己。人只有靠自己的劳动挣到自己的生活费用时，才能有真正的成人感受。

二、认识创业孵化基地

"大众创业万众创新"是有效推动我国产业经济转型的重要手段和方式；同时也对高校人才培养提出新的要求，教育部等相关部门先后出台了相关的指导文件，设立中国"互联网＋"大学生创新创业大赛，引导大学生积极投身创新创业的浪潮中。

大学生创业孵化基地是集企业孵化、研发创新、创业人才培养为一体的服务平台，它的建设有利于引导和鼓励大学生自主创业，不断提高大学生的创业能力，有效促进大学生创业和就业。

创业是极具挑战性的社会活动，是对创业者自身智慧、能力、气魄、胆识的全方位考验。对有创业意愿的高校毕业生而言，大学生创业孵化基地可免费获得公共就业和人才服务机构提供的创业指导服务，包括政策咨询、信息服务、项目开发、风险评估、开业指导、融资服务、跟踪扶持等"一条龙"创业服务。各地高校，因地制宜建设一批大学生创业孵化基地，并给予相关政策扶持。对基地内大学生创业企业要提供培训和指导服务，落实扶持政策，努力提高创业成功率，延长企业存活期。可以在较大程度上满足不同类型、不同层次大学生创业孵化的需求，还能帮助大学生新创企业积累初步商业经验，度过困难的初创期，更能提升大学创业教育的实效性，吸引更多的大学生进入创业领域。

三、大学生创业现状及意义

大学生创业，有梦想、有激情，然而真正能够生存下去、稳定经营、持续发展却比较艰难。出现上述情况的原因是多方面的，如创业者缺乏必要的创业知识和相应的经营管理知识；创业环境不够成熟，尽管近年来国家出台了一系列鼓励大学生创业的优惠政策，但有些政策和配套措施尚未真正落到实处，社会还缺少可以为大学生创业提供专门咨询和服务的机构和部门，资金缺乏也是毕业生创业面临的现实问题。

2018 年 1 月 27 日，清华大学经管学院中国创业研究中心发布了《全球创业观察报告——中国青年创业报告》，我国青年创业活跃程度在全球创业观察的 70 个参与国家和地区中排在 22 位，属于活跃的国家。

报告指出：创业者的创业动机与受教育程度有关。从创业动机看，可以把创业者分为生存型创业者和机会型创业者。前者是迫于生存压力不得不选择创业；后者是因看到了比目前的事业有更好的机会而去创业。

不同青年人群对生活的满意度不同，调查显示，中国青年创业者对生活和工作收入的满意度高于非创业者。超过 50% 的青年创业者对生活是满意的，而非创业者低于50%。而且，青年创业者对工作收入的满意度，在还是初生创业者时为略高于 40%，在成为初创企业后，达到 50%，而非创业者对工作收入的满意度低于 40%。

报告还表明，80 后是青年创业者的主体，创业活动最为活跃。80 后创业者的早期创业指数为 21.34%，90 后创业者的早期创业指数为 14.32%。

有 31.1% 的 90 后被访者认为在未来三年内有创业意愿，且不惧失败。但在创业能力方面，认为自己具备创业能力的人少于 80 后。无论是 80 后还是 90 后，都认为创业是好的职业选择。

在创业动机方面，80 后和 90 后没有区别，都是以机会型创业为主要动机，分别达到 66.5% 和 68.9%。

中国青年创业者成长性较好。有 77.7% 的青年创业者的产品具有新颖性，具有成长潜力。青年创业者更有可能创造就业，更关注国际市场。

"创业教育，将成为 21 世纪现代人的第三本教育护照。"联合国教科文组织"面向21 世纪教育国际研讨会"指出，21 世纪的青年除了接受传统意义上的学术教育和职业教育外，还应当拥有第三本教育护照——创业教育。

高校对学生的教育不能再仅仅局限于就业教育，还应当拓展到以创造、创新为主题的创业教育。没有创业，哪来就业？自谋职业、自主创业，不仅可以为国分忧，为社会献力，而且也有利于体现自身价值，实现个人理想。特别是当前国家的改革环境、经济环境都非常需要创业，也非常有利于创业。

大学生创业兴起于 20 世纪 70 年代的美国，硅谷大批"学生"的成功创业有力地刺激和推动了美国经济的发展，创业教育也在此时受到了前所未有的关注。长期以来在我国大学校园里，创业教育严重缺失，传统教育模式下过分地强调学生对书本知识的理解和掌握，从而造成学生对社会经济发展与就业需求关注不够的现状。随着近年来高校毕业生人数的增加，越来越多的学生面临就业问题。当一些学生转变观念、选择创业时，才发现他们缺乏必要的知识和足够的心理准备。创业教育缺失，第一推动力不足，目前这一问题已经引起各高校有关部门的高度重视。

"创青春"全国大学生创业大赛

2013 年 11 月 8 日，习近平总书记向 2013 年全球创业周中国站活动组委会专门致
贺信，特别强调了青年学生在创新创业中的重要作用，
并指出全社会都应当重视和支持青年创新创业。党的十
八届三中全会对"健全促进就业创业体制机制"做出了
专门部署，指出了明确方向。为贯彻落实习近平总书记
系列重要讲话和党中央有关指示精神，适应大学生创业
发展的形势需要，在原有"挑战杯"中国大学生创业计
划竞赛的基础上，共青团中央、教育部、人力资源和社
会保障部、中国科协、全国学联决定，自 2014 年起共同
组织开展"创青春"全国大学生创业大赛，每两年举办
一次。

"创青春"全国大学生
创业大赛标识

1. 大赛目的

为深入学习贯彻习近平新时代中国特色社会主义思想和党的十九大精神，引导和
激励高校学生弘扬时代精神，把握时代脉搏，将所学知识与经济社会发展紧密结合，
培养和提高创新、创意、创造、创业的意识和能力，促进高校学生就业创业教育、创
业实践活动的蓬勃开展，发现和培养一批具有创新思维和创业潜力的优秀人才，帮助
更多高校学生通过创业创新的实际行动，推动大众创业、万众创新，为决胜全面建成
小康社会、建成社会主义现代化强国、实现中华民族伟大复兴的中国梦贡献青春力量。

2. 大赛内容

大赛下设大学生创业计划竞赛（即"挑战杯"大学生创业计划竞赛）、创业实践
挑战赛和公益创业赛等主体赛事。

3. 大赛形式

大学生创业计划竞赛面向高等学校在校学生，以商业计划书评审、现场答辩等作

为参赛项目的主要评价内容。

创业实践挑战赛面向高等学校在校学生或毕业未满 3 年的高校毕业生，且已投入实际创业 3 个月以上，以盈利状况、发展前景等作为参赛项目的主要评价内容。

公益创业赛面向高等学校在校学生，以创办非营利性质社会组织的计划和实践等作为参赛项目的主要评价内容。

全国组织委员会聘请专家评定出具备一定操作性、应用性以及良好市场潜力、社会价值和发展前景的优秀项目，给予奖励；组织参赛项目和成果的交流、展览、转让活动。

延伸阅读 2

2018 年"创青春"
全国大学生创业大赛决赛闭幕

2018 年 11 月 3 日，由共青团中央、教育部、人力资源和社会保障部、中国科协、全国学联、浙江省人民政府主办，浙江大学、共青团浙江省委承办的 2018 年"创青春"浙大双创杯全国大学生创业大赛决赛在浙江大学落下帷幕。

共青团中央学校部副部长李骥、浙江大学党委副书记郑强代表主承办单位在闭幕式上致辞。李骥在致辞中指出，"创青春"大赛举办二十年来，一大批优秀青年学生在大赛中收获创业意识的萌发和创业能力的提升，在投身创新创业的实践中取得丰硕成果，在深化改革开放、促进经济社会发展中发挥着生力军作用。本届大赛以"弄潮创青春，建功新时代"为主题，突出创新＋精准、智慧＋人文、国际＋开放、公正＋规范的特点，参赛项目蕴含着很强的经济价值和社会价值，孕育着国家经济发展和产业升级的希望。各位参赛同学不仅充分展现了当代青年学子所富有的朝气、活力、创造力，也彰显了青年大学生勇立"大众创业、万众创新"时代潮头的青春风采。

他强调，我们处在一个伟大的新时代，一个需要努力完成"两个一百年"目标、全面建成社会主义现代化强国、实现中华民族伟大复兴的时代。他勉励青年大学生以本次大赛为契机，珍惜时不我待的历史机遇，主动肩负起属于自己的历史使命，踊跃投身创新创业的时代大潮，做挺立潮头的弄潮儿。

郑强在致辞中指出，本次大赛坚持公正、务实、前沿、精彩的总体目标，秉承创新、协调、绿色、开放、共享的理念，充分展现了新时代青年勇于创新、敢于挑战的精神风貌。从两年前接过"创青春"会旗开始，浙江大学就开始为完美地呈现这场盛宴做准备。全校上下凝心聚力，协同联动，确保各项工作稳步落实；创新创业研究院作为战略合作伙伴为大赛提供了充足的资金保障，为参赛团队提供最优的政策扶持；2000多名志愿者用美丽的笑容、贴心的服务展示了学子的"青春风采"。这次大赛的成功举办将让浙大"双创"氛围更加浓厚，让更多青年学生从"系统化、全链条"的创新创业教育模式中受益，助力打造浙大特色的创新创业教育实践品牌，引领全校师生共创一流事业、迸发创新活力、投身创业实践。大赛的结束也将是新的开始，会有越来越多的青年大学生在创新创业的道路上绽放光芒，为实现中华民族伟大复兴的中国梦书写更加绚丽的青春华章。

本次决赛期间还举办了人工智能青年论坛、原创话剧专场演出、杭州创新创业园区参观、创新创业成果交易会等活动。据统计，共有64家创投机构、71位知名投资人通过线上线下进行推介和投融资对接，其中线上投资接洽1259次，为150余个优秀项目提供线下深度洽谈189次，累计85个项目达成投融资意向。本届大赛还为124个金奖项目颁发了金钥匙创业孵化政策，为优秀项目与投融资机构搭建了有效对接平台，推动大赛成果转化和落地，取得了丰硕成果。逾3000名参赛学生和观摩师生参加了闭幕式。

（摘自《创青春全国大学生创业大赛官网》2018年11月6日）

↘ 思考与讨论八

1. 如何认识大学生创业"三部曲"？
2. 参观学校的"创业孵化基地"，说说自己的想法。
3. 查找本校毕业生或在校生创业案例，讨论从中获得的启示。
4. 分组讨论"创青春"全国大学生创业大赛带来的启示。

第九课

创业计划与创业实践

了解创业相关知识，选择创业方向、形式，对创业者来说非常重要。"凡事预则立，不预则废"。当创业者选定了创业项目，组建了创业团队，进行了市场分析，这还远远不够，良好的创业规划是创业的第一步。

一、创业相关知识与准备

（一）创业实务知识

1. 工商知识

工商登记是国家对生产经营者所行使的管理职能之一，也是生产经营者确认自身合法地位的法律程序。生产经营者为了保护自己的合法权益，必须在法律上明确其地位，从而在法律的保护下从事正常的生产经营活动。

申请开办公司的，应提交《企业名称申请书》。《企业名称申请书》包含申请企业名称、企业住所地、注册资本、投资总额、企业类型、经营范围等内容。

工商登记审批程序的最后一个环节就是领取营业执照。工商行政管理机关在审查核实的基础上填写《营业执照》或《企业法人营业执照》，由主管领导签署意见并记录在案，同时出具核准登记通知书，通知被核准的人员或公司。生产经营者领取《营业执照》后，即标志着已取得了合法的生产经营资格；如果开办的是公司，在接到核准登记通知书后，法定代表人到登记主管机关领取执照，并由公司法定代表人行使签字备案手续。公司自领取《营业执照》之日起即宣告成立，标志着公司取得了法人资格，同时也取得了公司名称专用权和生产经营权，公司的合法权益受国家法律保护，也确定了必须承担国家法律规定的义务和责任。

2．金融保险知识

创业所从事的生产经营活动一旦开始运营，就每时每刻都与资金打交道。离开了资金，生产经营活动将寸步难行。企业购买原材料、卖出产品、发放工资、交纳税款、支付利息等都必须与资金打交道。怎样从银行贷款？怎样才能合理地使用资金？怎样才能有效地回避风险？这就要求创业者掌握同银行及保险部门打交道的基本知识，利用现代社会发达的信用和保险制度，为创业服务。

3．经济法律知识

大学生在创业中必然会遇到很多法律问题，而守法经营是每个生产经营者的基本要求，学会运用法律知识处理有关问题可以有效地避免损失，提高效益。这里着重介绍与创业密切相关的几个法律法规问题。

（1）个人独资企业　所谓个人独资企业，是指在中国境内设立，由一个自然人投资、财产为投资人个人所有、投资人以其个人财产对企业债务承担无限责任的经营实体。它具有以下主要特征：

1）一个自然人投资，其财产为投资人个人所有。不仅企业初始的资产为投资人所有，而且企业成立后存续期间形成的所有财产，也归于投资人所有。

2）投资人以其个人财产为企业债务承担无限责任。这里包括三层意思：一是企业的债务全部由投资人承担；二是投资人承担企业债务的责任范围不限于出资；三是投资人对企业的债权人直接负责。

（2）合伙企业　所谓合伙企业，按照我国 2006 年 8 月 27 日第十届全国人民代表大会常务委员会第二十三次会议修订，自 2007 年 6 月 1 日起施行的《中华人民共和国合伙企业法》规定，就是自然人、法人和其他组织依法在中国境内设立的普通合伙企业和有限合伙企业。

设立合伙企业必须有合格的合伙人，且合伙人数应不少于两人，但由于合伙企业的合伙性质，合伙人相互之间的信任尤其重要，因此，在实践中合伙人的人数不宜太多，一般不超过 20 人。

合伙人必须具有相应的民事能力，即为完全民事行为能力人，且能承担无限责任。限制行为能力人不得作为合伙人，无行为能力人当然更不得作为合伙人，所以，只有18 周岁以上的人和已满 16 周岁未满 18 周岁但以自己的劳动收入作为主要生活来源的人，才能作为合伙人。

（3）公司企业　按照《中华人民共和国公司法》（见附录 A），公司是指在中国境内设立的有限责任公司和股份有限公司。公司是企业法人，有独立的法人财产，享有法人财产权。

公司以其全部资产对公司的债务承担责任。有限责任公司的股东以其认缴的出资额为限对公司承担责任，股份有限公司的股东以其认购的股份为限对公司承担责任。

公司股东依法享有资产收益、参与重大决策和选择管理者等权利。

有限责任公司设立时应当具备下列条件：一是股东符合法定人数；二是有符合公司章程的全体股东认缴的出资额；三是股东共同制定公司章程；四是有公司名称，建立符合有限责任公司要求的组织机构；五是有公司住所。

股份有限公司可以采取发起设立或募集设立的方式，设立股份有限公司应当具备下列条件：一是发起人符合法定人数；二是有符合公司章程规定的全体发起人认购的股本总额或者募集的实收股本总额；三是股份发行、筹办事项符合法律规定；四是发起人制订公司章程，采用募集方式设立的经创立大会通过；五是有公司名称，建立符合股份有限公司要求的组织机构；六是有公司住所。

（二）创业场地及资金的准备

1. 创业场地的准备

大学生立志创业以后，在选择创业方向和形式的同时，也要考虑创业的企业（公司）场地问题，要考虑生产必需的供水、供电、通信以及道路交通等问题。企业（公司）场地选择与企业（公司）类型有关，比如，开办服务性企业要考虑方便顾客。企业（公司）场地的选择可根据具体情况决定是购买还是租赁。

2. 创业资金的准备

决定创业，资金是不可缺少的，而且是创业成功的必要保证。这就要求创业者在创业前能筹集到一定数量的资金。筹集创业资金的方法一般有储蓄自备和借贷两种。

二、创业方向和形式的选择

1. 创业方向的选择

选择什么项目作为自己的创业方向（行业）呢？这是创业者创业之初首先要考虑

的问题。一般对初次创业者来说应考虑以下因素：

（1）选择资金周转期短的行业　创业起步阶段，因为自己的资金有限，而且有限的资金要用于办理各种手续，购置固定资产，购买原材料等。因此，创业起步阶段选择的行业，其资金周转期要尽可能短一些。在确定创业项目之后，如果只有资本而无周转资金，创业经营就会困难重重，创业目标就难以实现。

（2）选择技术性要求不太高的行业　一般来说，在小资本创业初期，可以选择技术性要求不是很高、资本需要量不大的行业。因为技术性要求过高往往对创业资本的要求也比较高。

（3）选择成长性的行业　创业就是要使自己的事业不断发展壮大。一个成功的创业者所选择的创业行业应该是成长性行业。企业经营业绩比较好，而且逐年增长，甚至有高速发展的前景，这才是最有前途的投资创业行业。有发展前途的行业，既是对创业者的挑战，也能够给创业者以更多的回报。所以，在选择创业行业的时候一定要考虑所选行业的成长性。

2. 创业形式的选择

要想创业成功，可以根据自身的实际情况，选择最合适的创业形式。根据近几年大学生创业成功者的经验，创业形式一般有以下几种：

（1）开办自己的企业　开办自己的企业，从头干起，这是很多成就大业的创业者最常用的方法。从头开始虽然相对比较困难，但最大的好处是，一张白纸可以描绘出最新最美的图画。青年创立一人有限责任公司和有限责任公司是较为理想的创业选择形式。一人有限责任公司和有限责任公司的形式更有利于专业化管理，有利于把企业做强做大，更能满足青年的创业欲望。

（2）合作经营　合作经营是利用原有的企业、公司等的场地、设备、技术、资金合作生产、加工某种产品。合作经营可以节省大量的时间与精力，缩短创业周期，投入相对比较低。

（3）加盟特许经营　特许经营是较为流行的经营模式。特许经营总部通常有一个成功的产品，并有标准的经营方式，可以像复印机一样复制，如肯德基、麦当劳、佐丹奴专营专销，以及汽车、空调、彩电、摩托车等的特约销售、维修等。特许经营的发展速度很快，一些知名品牌的特许经营体系中，网点规模增加迅速，有的一年可以增加上百个网点，这说明社会上越来越多的人正加入到特许经营的创业中。特许经营提供了一种低风险的双赢模式。特许经营成功的关键在于选择合适的特许经营系统。

（4）网上创业 网上创业将成为大学生就业的新途径。良好的技术素质与理论知识是大学毕业生实现网上创业的重要条件。网上创业无疑让面临就业压力的毕业生多了一种选择。

（5）自由职业者 自由职业者就是创业者通过设计、咨询、策划、计算机编程、写作、翻译等一些创造性的劳动或专业技术工作，获得报酬或利润。自由职业也是创业的一种形式。如果既想做老板，又不想太累，最好的途径就是做自由职业者。

由于科技的发展，社会经济格局的变化，自由职业者具有越来越强的生命力与影响力。据有关资料介绍，现在美国新创的小企业中，自由职业者占了 30% 左右，还将有上升的势头。在我国经济发达的地区，也有越来越多的人选择了这种创业形式。

世界已开始步入知识经济时代，企业的核心竞争力已不在于固定资产的多少，而在于掌握专业知识、高新技术和经验的程度。虚拟企业在技术的支持下，可以大有作为。只有一个人的企业，也可以有上百万、千万的资产和营业额。

但是，只有知识密集型行业才适合自由职业者生存与发展。成功的自由职业者很大程度上依赖个人在业界的声誉与地位。由于其工作的特殊性，很难对其工作成果进行有效的评估，判断的标准只好借助个人的名气。有名气的人可以待价而沽，没有名气的人则寸步难行。自由职业者还必须有广泛的人际关系才能够生存与发展。由于自由职业者就是一个企业，管理企业就是管理自己，良好的自我控制能力是创业成功的关键因素。

3．创业项目的选择

（1）做自己喜欢做的事 当所从事的工作是自己喜欢的事情时，人们在工作时就会投入极大的热情，也就容易取得成功。在创业项目的选择上，创业者一定要考虑以下问题：①我喜欢做老板吗？②我喜欢现在选择的项目吗？③现在选择的项目是否需要特别资格特许经营？我具备相应的能力申请到相应资格吗？

（2）做自己熟悉的事 要想使自己的生意成功，就一定要选择自己熟悉的事来做。例如，具备某一类的商品知识、制造技术与从业经验；懂得某种服务性行业的服务要求和服务方法以及相关技术，还要具备相应的经营管理能力与经验；懂得供应商的供货方式；特别是十分清楚顾客群的基本情况。

创业仅靠热情是远远不够的。在创业的初期，创业者对项目的喜好程度很重要，但创业是否能够成功，在很大程度上还取决于创业者对这个项目的熟悉程度。俗语所说的"做生不如做熟""吾熟吾做（不熟不做之意）"就是这个道理。创业之初会面临很多困难，例如，资金不足、客户不多甚至没有客户、对生意场上的复杂性估计不足等，如果从事自己不熟悉的行业，那么开业后亏本甚至倒闭的可能性很大，除非创业者可以雇到一个十分可靠而且了解这个行业的经理。独当一面去从事既缺乏相关知识又无实际经验的工作确实难以成功。这也是在新创企业大多面临失败的原因之一。

三、实践创业构想

（一）拟定创业计划

创业计划是保证创业成功的关键因素之一。要想取得创业成功，就必须根据初步确定的创业目标和自身的条件拟定一份详细的创业计划。创业计划是实践的行动指南。

1．创业项目的市场调查

创业计划主要是根据市场提供的创业信息来编制的，尤其是投资办企业，生产产品的创业者在拟定创业计划前，应对创业项目所涉及的一些具体问题作进一步的市场调查，从而有的放矢，使创业计划具有可实施性。在拟定创业计划时，应对创业项目的外部环境、市场需求、现有资源及原材料、竞争对手、投资成本及价格预测等方面进行全面调查了解，以获得必要的信息。

2．创业计划的内容

在认真做好市场调查的基础上，根据初步确定的创业目标和创业构想，开始拟定创业计划。创业计划既可以分创建计划和创业经营计划两部分叙述，也可以合并叙述。创建计划是指如何创建自己的事业，如何将创业构想变成现实。创业经营计划是指对未来事业的全面计划，明确未来事业做什么、怎么做、如何做好的问题。创业计划一般有以下内容：总体叙述、组织机构说明、产品（或服务）内容、市场和销售预测、生产规划、工作进度安排、财务预算等。

3．制订创业计划应注意的问题

（1）创业计划要符合实际　拟定的创业计划必须符合自己的实际情况，做到心中有数。计划要切实可行，具有可操作性。

（2）创业计划要量力而行　创业是开拓性、进取性事业，不可能一步登天。要根据自己的财力、物力、技术、特长、管理能力等因素，综合考虑创业计划。要从小做起，不要把摊子铺得过大。要脚踏实地，一步一个脚印地把自己的事业做大做强。

（3）要把握市场行情　了解最新信息，掌握他人心理，做好投资分析。投资分析要尽可能客观全面，要尽量考虑各种影响因素，保持冷静的头脑，客观地分析各种影响因素，不能用投机的心态进行投资分析。

（二）实践创业构想的基本程序

实践创业构想的基本程序如图 9-1 所示。

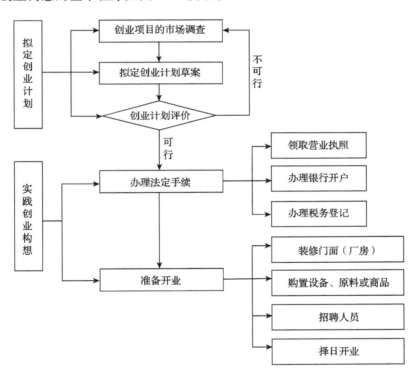

图 9-1　实践创业构想的基本程序

（三）经营管理知识简介

企业生产经营管理是一门综合性、应用性的科学。掌握好企业的生产经营管理知识，对于经营管理好企业、提高经济效益具有十分重要的现实意义。

（1）生产管理　企业在创办初期尤其要重视生产管理，规范生产行为，这样才能给企业带来较好的经济效益，才能使企业有较强的发展后劲。企业的生产管理主要有生产计划、产品管理、日常生产的组织、产品质量的控制和生产要素管理 5 个方面的内容。

（2）营销管理　成功的创业，必须有科学的营销组织形式，制订适应市场变化的营销策略。企业的营销管理主要有市场营销计划、经营决策等方面的内容。

（3）财务管理　财务是企业生产经营过程中财务活动和它体现的企业与各方面财务关系的统一。财务管理是人们根据生产经营活动情况，组织财务活动和正确处理各种财务关系，以达到预定的财务管理目标的一种管理活动。企业财务管理的主要内容包括筹资管理、投资管理和收益分配管理三个方面，它们之间是相互联系、有机统一的。这三大内容是企业财务管理的基本任务，同时也是企业财务人员的基本职责。能否有效筹集企业生产经营活动中所需的资金，能否有效地投放资金，能否合理地组织收益分配，是衡量企业财务管理水平的基本依据。

时代的发展，社会的进步，经济制度的变革，孕育了一个伟大的创业时代。迅速发展的时代不仅需要大批的创业者，而且也为创业提供了前所未有的优越条件。《中华人民共和国个人独资企业法》明确规定：只要投资人为一个自然人，有必要的从业人员以及有投资人申报的出资、有合法的企业名称、有固定的生产经营场所和必要的生产经营条件等，就可以申请注册个人独资企业；国家依法保护个人独资企业的财产和其他合法权益；个人独资企业可以依法申请贷款、取得土地使用权等。

创业就是激励自己，开发自己最大的潜能；创业就是善于发现，善于挖掘，发现和挖掘一生中那些通往成功的无数潜在的时机；创业就是创造，创造新的就业岗位、创造新的成功机遇、创造新的富于挑战的人生。如果我们自主创业，我们自己就是老板，我们就是自己命运的主人。

人都应当有自己的理想，人都希望实现自己的理想，在时代的大舞台上一显身手，成就一番事业。创业是当今时代的关键词，是经济增长的推动力，创业者和创业的未来从来没有像现在这样充满希望，充满活力。国家的发展需要创业，有远见的青年学生应该勇敢地站在时代的前列，加入到创业者的行列中。

四、走好创业第一步

万事开头难。在创业初期，创业者不要只关注经济单位的增长，尤其是模糊指标的增长。相反，要专注于实现可持续增长。这并不意味着创业者应该放慢增长速度，而是应该与基本原则发展保持平衡。

其中，第一个基本原则是关于创业者的心态。创业者需要明白，人脑就像一个软件，有输入，有过程，有输出。每隔几个月，软件就需要升级，这样它们才可以处理更大、更复杂的问题。创业者需要将学习融入日常生活，例如，把阅读或学习在线课程作为他们的工作清单。通过这些活动，创业者能比较充分地准备，以随时迎接伴随公司成长而来的更复杂的挑战。简单地说，当公司只有 10 个人的时候，创业者需要具备领导 30 个人的心态。通过不断磨砺，创业者可以进一步思考、权衡，选择最适合创业公司成长的道路。

第二个基本原则是团队开发。根据木桶原理，一个木桶的盛水量最终决定于最短的木板的长度，这意味着创业者需要关注每一个核心团队成员，评估和规划他们的个人发展，以确保符合公司未来的需求。在制订一年收入计划的同时，创业者还需要制订每一年的组织和团队结构规划。在准备下一个季度的市场营销活动时，创业者还需要组织下个季度的团队技能和知识培训。充分开发团队能力，才会有更有活力的员工满足不断增长的客户需求，以应对随着公司增长而日益繁重的大量工作。

第三个基本原则是构建科学的团队执行架构。许多早期的创业者，只关注"想法"，把注意力放在完成里程碑的"任务"上。但随着公司的发展，创业者将无法监督公司内部任务的每一个细节。因此，通过建立科学的团队执行架构，能够形成一套规则，用于为每个员工决策、任务委派和绩效评估。当初创企业在初期就尝试这些规则时，可以不断改进现有状况，员工可适应公司增长而高标准执行任务，无须创始人亲自监督每一位员工。

最重要的是，创业者要注重公司根本，从创业之初就为公司的成长打下坚实的基础。

创业者如何把握创业机会?

人们常常听说一句话: "机会稍纵即逝"。可见,当机会来临之时,不可以犹豫。对于创业者来说,更是如此。如果发现了机会却迟迟不肯下手,那么,这个机会就等于拱手让人了,等你幡然悔悟之时,已经晚了。所以,创业者想要成功,首要要做的就是把握创业机会。那么,创业者如何把握创业机会呢?

对于创业机会,创业者可以从以下几个方面进行分析和判断。

一、项目

首先要考察项目在行业领域中所处的位置:项目太早,还不成熟,各种配套还不完善,这样容易失败;项目太晚,红海创业更是非常困难,例如智能手机小米、魅族和锤子。魅族进入太早成为"烈士",锤子进入太晚成为"鸡肋",小米把握住时机成功了。

二、市场

创业的市场方向在哪里?面对的是什么样的群体?这个群体消费的习惯是什么?消费痛点和盲点在哪里?创业项目是否弥补了市场消费盲点或者戳中了市场消费痛点?这些问题都是必须要提前进行分析和判断的,例如净菜项目,它戳中了人们追求健康卫生的消费痛点等。

三、团队

找到愿景相同,志趣相投的创业伙伴也是关键。再优秀的创业者也不可能行行皆精,这就需要团队成员优势互补;再好的项目也是需要人去执行,这就需要团队战斗力。创业失败有各种各样的理由,说到底是人的因素。

四、竞争

创业可以理解为竞争。竞争对手在哪里?竞争对手的武器装备有哪些?竞争对手是否强大到无法逾越?竞争对手的短板是什么?自身具备什么竞争优势?这些都非常重要。竞争对手的规模决定了创业方向,竞争对手的缺点就是创业机会。

五、自我

　　创业是一个艰苦的历程，也是风险很高的人生选项，是否做好了心理准备？是否做好失败预案？是否安排好家庭生活？与激情满怀、义无反顾地创业相比，最好还是理智创业，这样从容。

　　当然，并不是把握住了机会就成了合格的创业者。下面的几类因素被认为是创业者应该具备的一些特征。

　　第一是先前经验。在特定产业中的先前经验有助于创业者识别机会。有调查显示，70%左右的创业机会，其实是在复制或修改以前的想法或创意，而不是发现全新的创业机会。

　　第二是专业知识。在某个领域拥有更多专业知识的人，会比其他人对该领域内的机会更具警觉性与敏感性。例如，一位计算机工程师，就比一位律师对计算机产业内的机会和需求更为警觉与敏感。

　　第三是社会关系网络。个人社会关系网络的深度和广度影响着机会识别，这已是不争的事实。通常情况下，建立了大量社会与专家关系网络的人，会比那些拥有少量关系网络的人容易得到更多机会。

　　第四是创造性。从某种程度上讲，机会识别实际上是一个创造过程，是不断反复的创造性思维过程。在许多产品、服务和业务的形成过程中，甚至在许多有趣的商业传奇故事中，我们都能看到有关创造性思维的影子。

　　尽管上述特征并非导致创业成功的必然，但具备了这些特征，往往较其他创业者具有更多的优势，也更容易获得成功。

（摘自《东方资讯》2019 年 7 月 10 日）

延伸阅读2

创业小项目，看看哪个适合你？

　　一些创业者、投资商时刻在寻找最新的创业点子，瞄准每一个能赚钱的创业小项目。下面把一些创业新点子分享给大家，看看哪个适合你！

项目一：3D 音乐影像制作馆

　　3D 这一概念的原理来源于人们双眼存在的视觉差，即大家双眼自带的一种三维视觉特性。根据这一特性衍生出的 3D 技术被广泛地运用在图像、影像上面，现在市场上的 3D 电影等已经不是什么新鲜事，而近几年来出现的 3D 音乐影像，同样是在拿人们的视觉差来"做文章"。

3D 音乐影像将 3D 技术运用于音乐等方面，使耳朵也能够体验到如同 3D 电影所带来的真实感、立体感，音乐不仅仅可以"听"，还能进行"体验"。

顾客可以在唱歌的过程中录制具有 3D 立体效果的音乐专辑。其中，有数百种 3D 效果图供顾客选择。另外在制作专辑过程中，还可以制作 MP3 音乐文件。

提示：

1. 该项目适合在学校附近投资。

2. 该项目可以依据不同的使用环境，主打不同的功能，除了可以应用于卡拉 OK，还能够应用于广告影像、教学影像等。

项目二：进口休闲食品百货量贩店

进口休闲食品百货量贩店经营的食品、日用百货全部是纯原装进口，各项指标都经过原装进口国的各道检验工序，产品在做工、颜色、款式等方面处处体现精致时尚元素。

这类店铺主要针对女性这一庞大的消费群体，因此在产品结构上更加突出女性需求，例如以美容工具类、厨房用品类、小甜食等为主。以大连、青岛等地为例，小店月平均净利润超过 2 万元。

提示：

1. 因为其涉及的商品全部是原装进口，如果没有外贸渠道，不要盲目创业。目前最佳的投资方式是加盟。

2. 目前市场需求最大的产品以日用百货为主，因此食品和百货两类商品种类的最佳比例是 3:7。

项目三：鲜油坊

随着健康意识的增强，人们正在逐步改变着传统的膳食结构，纯天然植物油越来越成为受大众欢迎的"绿色"食品。现榨现卖的鲜油坊，正顺应这一生活新趋势。

让人们亲眼看见用油菜籽、花生仁榨出营养丰富、口感醇正的食用植物油的全过程，公开透明，人们才会放心地购买。

提示：

1. 开业期间要做好宣传策划工作，宣传内容包括经营油品种类、各种服务项目等，让更多的人了解鲜油坊的特色。

2. 尽量在人流高峰时榨油，这样既可体现"鲜"字，又可在油香四溢的同时提高油坊现榨现卖的宣传力度。可以对购油者发放品质保证卡或优惠卡促销。

3. 承接来料加工业务，批零兼营，薄利多销，拓宽业务范围。

项目四：主题移动餐车

所谓主题移动餐车，就是一个小巧精悍的"移动厨房"，不仅车内的设计简约时尚，而且各种烹饪设备一应俱全，煎、炸、烹、炒、烤、涮无所不能。这种机动餐车可以随时移动，在不同的地方销售，像学校、写字楼、商业街、旅游景区周围都是不错的选择。

目前，主题移动餐车发展不错的青岛地区，约有 200 辆主题移动餐车，每辆车每月约有万元的纯利。

提示：

投资前，投资者应该充分了解当地的城管政策，是否允许主题移动餐车上街营业，另外，是否允许其可以"移动"性营业。

项目五：慢递邮局

慢递邮局是办理一种给未来的某个人写信的业务。他们提供和普通邮局相同的信件投递服务，唯一的区别是，投递的时间由寄信人自己决定，可以是一月后、一年后，也可以是十年后、甚至更久以后。

收费标准上，2018 年寄出的信收费标准是 10 元，以后每推迟一年，收费标准增加一倍。目前北京地区的慢递邮局开业 1 年以来，共赚取了三十多万元纯利。

提示：

这实际上是一种情感寄托业务，突出每个人内心的自我情感释放，因此建议选择在文化氛围较为浓厚的地区投资。

项目六：机器人培训馆

联合国教科文组织专家预言：智能机器人将是人类 21 世纪最具有革命性的科技创

新。各国政府对机器人新技术的投入早已掀起了全世界的一场潮流。

目前国内有超过 200 万的学生参与机器人活动，有的省市的教育部门以科技特长给予学生一定的升学鼓励。

另外，智能机器人制作适合 3~14 岁孩子的智力开发以及素质培养。

以大连某机器人培训馆为例，开业两年，学员从最初的每期 20 人，上升至每期 200 人，投资商现在每年的净利润超过了 70 万元。

提示：

1. 由于该创业小项目具有较高的科技含量，建议投资者以加盟方式进行投资，以获得技术支持。

2. 目前较为知名的机器人大赛有 FLL、WRO、RCJ，投资者选择加盟商一定要看对方是否具有举办或参加三类大赛的资质。

3. 目前，国家相关政策鼓励该项目。

（摘自《创业网》2019 年 4 月 21 日）

↘ 思考与讨论九

1. 创业要进行哪些实务知识的学习和准备？

2. 怎样选择创业方向和创业项目？

3. 如何拟定创业计划书？

4. 分组讨论，如果在高教园区创办一家小书店，你能拟定一份创业计划书吗？

第十课

大学生创业案例

中央及各地方政府出台了一系列促进大学毕业生创业的政策措施。在宽松的外部环境下，越来越多的大学毕业生选择了自主创业。但是怎样选择目标行业？如何获得各种资源？如何避免创业失败？下文对大学生自主创业案例进行介绍，以期对有志于创业的大学生有所启发。

一、创业路上的两朵金花

"创业路上没有捷径，一路走来，不断摸索。"

杜瑞星在毕业后做过美容，开过网店，摆过地摊，开过饭店等，做过各种创业尝试。由于选择的产品过于冷门，加上没有运营经验，杜瑞星初次开的网店在苦苦坚持了半年后而关店。辗转到深圳打拼后，杜瑞星也没有闲着，而是晚上下班后在路边摆地摊，批发小饰品、手表等物品，之后再转手零售。这曾让她挣到一笔小钱，初尝创业带来的"甜蜜"。在杜瑞星看来，这些尝试虽然有成功有失败，赚过钱也赔过钱，但这些都不重要，重要的是在这些经历中慢慢开阔了视野，提升了能力，尤其是使她自身培养出了说做就做的执行力，这奠定了她后来成功的基础。"创业路上没有捷径，一路走来跌跌撞撞，只有不断摸索，并坚定地执行下去，才有可能等到黎明的到来"杜瑞星如是说。

"经历得多了，才会明白自己真正想要的是什么。"

北漂期间，杜瑞星在北京市朝阳区望京附近开了一家西安特色美食饭店，小店在她的辛勤经营下从刚开始的亏损慢慢趋于收支平衡，营业额也不断增加。在大家看来，能在竞争激烈的北京开饭店挣钱是很不容易的事，当人们都觉得她应该安稳地做下去的时候，杜瑞星却有了转行的想法。一直喜欢养生和美容的她，心里始终没有放弃这个梦想。在她看来，在饭店经营稳定的情况下，趁着年轻，是时候去追求自己真正想要的东西。为了不让家人过于担心，杜瑞星离开北京回到了老家河南，决心在河南省会郑州开始她的再一次创业。

昔日的 90 后村干部，今天的创业之花

王琳璐前期的经历和杜瑞星也有着几分相似，从河南中医学院毕业后，她发过传单、卖过车、进过外企医药公司，但这些工作并没有让她感到快乐，始终没有找到内心追求的方向。当时在家人的建议下，王琳璐选择了报考老家当地的村干部。经过三个月的努力备考，她顺利考上当地乡政府的村干部职务，半年后还被提升为村主任。也许是不喜欢受束缚的性格使然，以及从小受父母经商的影响，经过一年的工作经历，王琳璐觉得自己并不适合这个工作，应该去寻找更大的舞台锻炼自己。她不顾家人的反对，毅然选择了离开闪耀着光环的职业去自主创业。"如果不喜欢，那就坚决离开，一旦选了方向就要全力以赴。"王琳璐是这么说的，也是这么做的。在不断的尝试中，成功也一步一步向她走来。

偶然的机会，两朵金花相识，并携手开创一份美丽的事业

王琳璐和杜瑞星是在一次偶然的机会下相识，她们意气相投、惺惺相惜，很快成为知心好友并成为如今的创业伙伴。创业本来就充满了艰辛，自主创业，除了具有非凡的勇气，背后辛勤的付出更不可或缺。她们两个人毕竟经验有限，创业之初难免上当受骗，有时候为了确保产品质量，要坐火车到广州，亲自把几百箱货品装车发货。她们在创业期间也有过争吵和分歧，走了不少弯路，但这些并没有影响彼此合作创业的初衷，反而让她们的方向越来越明确，道路越走越顺。一路走来，杜瑞星和王琳璐慢慢发现现在市场上产品质量鱼龙混杂、参差不齐，只有拥有自己的产品才能保证产品质量，满足客户需求。经过不断努力，她们共同创立的焱琛商贸现在已经拥有多款自主产品，全国各地的线下团队也已经发展到 500 多家代理商，从而从源头上保证产品和服务质量。同时，焱琛商贸还会定期举办年会、产品发布会、拓展训练、外出旅游等活动，打造一种自由、积极向上的公司氛围，带领年轻的团队一起走向成功。

"脚踏实地，坚持到最后，你就是最后的赢家。"

为了积极回馈社会，给当代青年人提供实用的创业指导，焱琛商贸与大学生创业网联手打造了第七届"焱琛杯"创业特训营活动，目的是通过素质拓展、创业培训、游学参观等方式培养青年学生的创业意识和创业技能，进而帮助更多有梦想的大学生

实现创业梦想，改变人生。"有了想法就要脚踏实地地去做，坚持到最后，你就是最后的赢家。"这是杜瑞星给大学生的建议。虽然很简单，却是她创业过程中总结出来的真言。王琳璐也谈到，"跟随时代，敢想敢干。遇到困难不能退缩，敢于面对、迎难而上是解决困难最好的手段。当你越过这道坎，会发现你又成长了很多。"

（摘自《大学生创业网》）

二、青川"山大王"女孩开网店年销售千万

21 岁的青川女孩赵海伶大学毕业后放弃了在大城市生活，选择回乡创业，帮助地震灾区青川的农户把土特产销往全国各地。她也因此成为青川县最早的一批网商，先后荣获 5·12 汶川地震"新生榜样"、首届四川十大"溢彩女人"、四川经济年度人物提名、2010 年阿里巴巴"全球十佳网商"，2013 年、2014 年广元十大杰出青年等殊荣。2014 年 3 月，赵海伶与华西都市报打造的四川最大的同城电商平台——八小时购物网进行了深度合作。

这个年轻女老总，如今已带动 36 个乡镇、3000 余名农户创收，为农村的电子商务模式创建了一个模板。

回乡创业开网店专卖特产

"读大学的时候，我就经常给同学们带老家的土特产，发现很多人知道青川木耳、竹荪、香菇、核桃很好，却不知道该到哪里去买。"2009 年 9 月，从四川外国语大学成都学院毕业的赵海伶，决定回到父母身边，同时也决定"靠山吃山"，通过网络把家乡的这些"宝贝"卖出去。于是，她在淘宝网上开设了一家销售青川农产品的网店。仅仅一年，她的"海伶山珍"销售额就已突破 100 万元。然而，创业初期的艰难，只有她自己知道，"那个时候没有稳定货源，没有物流，没有网络。"这个衣着简单、一头短发的年轻女孩，就背着比自己还大的背篼翻山越岭，挨家挨户收货。

青川灾后重建期间，网络还没完全接通，她就去县城学校借计算机来用。交通不便，物流公司不上门，为了及时给客户发货，她就扛着几十斤重的包裹，用大巴把货先送到成都。在赵海伶的不断努力下，当地先后引入了几家快递公司，慢慢改变着青川人的生活方式，也让网络消费在这个小县城渐渐普及。

帮助农户们增收，被称为"山大王"

2010 年，她成立了自己的公司，并注册了商标。同年，合作的农户由最初的 50 多户发展到 200 多户。"一年后，我开设了实体店铺，开始线上线下相结合的道路，当年的销售额已经达到 320 多万元。"赵海伶的公司从最初的小仓库、小作坊逐步向规范化、规模化公司转化。

2014 年，赵海伶的合作农户已发展到了 3000 余户，销售额已超过 1000 万元。与此同时，她更是拥有了自己的标准化厂房和种植基地，从农产品销售者摇身变成了生产者。赵海伶说，创业 5 年来，她每天都在面临各种挑战。从最开始只是解决自身的就业问题，到后来帮助深山里的农户增收，带动一批大学生就业。"看着大家收入逐年增加，这成为我继续前进的动力。"在赵海伶看来，虽然做农业很辛苦，但是这几年自己成长很快。一直给赵海伶供货的青川县瓦砾乡村民王树义说，赵海伶在青川县农民中享有很高的声誉，大家都尊称她为"山大王"。

（摘自《中国青年网》）

三、从打工仔到公司执行董事

张海于 1997 年毕业于安徽机电职业技术学院（原芜湖机械学校）机电技术应用专业，毕业后，由学校推荐到深圳富士康集团鸿准模具公司就业。1999 年他联合钱正军（芜湖机械学校 95 届毕业生，机械工程专业）和张启伟（芜湖机械学校 97 届毕业生，机械制造专业）创办安徽天思朴超精密模具股份有限公司。如今，凭借在精密加工和

制造领域积累的精湛技术和广泛优势，以及在国内的 4 个工厂和在美国、日本等地的销售公司，他们在不忽略客户的个性化要求的同时，向全球的客户提供一致的高品质模具和注塑件服务。

就业后勤奋工作、努力学习不断提高自身素质

2012 年以来，安徽机电职业技术学院与安徽天思朴超精密模具股份有限公司举行校企合作，定向培养人才。

1997 年，张海来到富士康集团鸿准模具公司后，首先到培训基地接受培训。培训期间，他严格要求自己，勤奋学习，虚心求教，做到以学习指导实践，以实践巩固学习，很快就掌握了模具制造的机床编程和操作。正式分配到工作岗位后，他踏实肯干，爱岗敬业，能按质按量地完成生产任务。同时，他在工作与生活中尊重领导、尊重同事，建立了良好的人际关系。一年后，他担任了车间的班长，又经过半年的努力，他走上了课长（台资企业车间的管理岗位）的工作岗位。

先就业后创业

青年人要成就一番事业，必须先到基层一线锻炼自己的能力，并为创业做准备。孟子曰："天将降大任于斯人也，必先苦其心志，劳其筋骨，饿其体肤，空乏其身。"许多成功人士都是从基层做起，并付出了艰苦的努力。

走上工作岗位后，张海在勤奋工作、努力学习提高自身综合素质的同时，也学习企业文化、企业管理、经营等方面的相关知识。这些都为他后来的创业奠定了良好的基础。

创办企业要先了解企业，了解市场

创业实际上是一个逐渐接近、了解并最终利用市场的过程。大学生要想成功创业，首先就要从熟悉市场开始。创造一个成功的企业，还要对企业自身有一定的了解，成功的企业往往是找准了定位。一个企业只有定位准确，才能把自己的优势发挥出来。企业要生存，拥有技术当然是重要因素，而随之而来的营销、物流等其他方面，创业者也要面对。刚刚走出校门不久的大学生，没有实践经验，所以，先就业再创业不失为一个好办法。

创业要善于从小处着手

在某招商引资洽谈中，一位拥有资产千万余元的民营企业家谈道："利大与利小从来都是相对而言的，一块大蛋糕，人人都争着吃，到最后人人都吃不饱；而一块不起眼的窝窝头，如果细细品尝，也能得到充足的营养，贪多求大、弃小鄙薄，往往会出现大事干不了、小事不愿干的尴尬结果。自主创业者应该善于从平常处觅得商机，善于从小处着手，积小利以致大富。"

在现实生活中，小利与大利并不是一成不变的。某种产品，当它供不应求、利润很大时，生产它的人一定会越来越多，时间一长，就可能供过于求，大利也将变成小利。相反，在小生意中不断寻找商机，适时而变，薄利也能像滚雪球一样，越滚越大，最终小利也能变成大利。

海尔集团董事局主席兼首席执行官张瑞敏，将海尔从亏损147万元的小厂经营成为跨国企业，他说过一句话："什么叫简单？把简单的小事情干好就是不简单。"正泰集团董事长南存辉是从街头为人补鞋开始创业的，如今，正泰集团已位列亚洲上市公司50强，中国民营企业100强。

有些人创业之所以屡屡失败，往往是因为缺乏从大处着眼、从小处着手的实干精神，总幻想一夜暴富，幻想天上会掉下馅饼，从而坐失致富良机。但愿那些正准备开拓一番新天地的创业者能从上述成功的实例中受到启发，正确对待大利与小利的关系，"勿以利小而不为"。

（摘自《中国教育报》2004年3月10日）

现碾现卖，"90后"大学生开创意米店

新鲜的稻谷用碾米机现碾之后出售，你买过这样的大米吗？最近，在白龙路菜市场里就开了这样一家"现碾现卖"的米店，更让人想不到的是，这家店的老板居然是一名"90后"的大学毕业生。

某日下午，记者来到这家店探访。店面不大，最引人注目的是店堂两边放着两台

小型碾米机，倒进去金灿灿的稻谷，一按电钮，碾米机便"吐"出热乎乎的大米。再用筛子扬一扬，附着在米上的少许米糠便飞了出去。货架上陈列的商品也跟普通米铺不同，堆放了各种黄灿灿的稻谷。

"我们这里的大米都是现场加工的，是新鲜的米，没有添加防腐剂、增白剂和香精。"店老板介绍说，传统的吃米习惯是将稻谷用磨米机碾磨去壳脱皮后，经过加工、仓储、运输、销售等诸多环节，最少3个月以后才能进入家庭餐桌。而大米存放超过7天，其营养成分就会逐渐流失。"现场加工、现磨现卖，大米的加工过程从头到尾一目了然，顾客觉得新鲜，吃得也放心。"店主说，他们卖的大米价格虽然比一般的米贵些，但品质有保证。"这批稻谷是当季的稻谷，非常新鲜。"

"这米怎么不白，还有点黄？"头一次来买米的林阿姨疑惑地问道。老板笑呵呵地捧起一把米，放在阳光下。"这是胚芽米，保留了米的胚芽部分。看上去难看，吃起来香，有营养。"他解释说，日常餐桌上经常食用的精白米外表洁白透明，是因为在加工时经过了碾压、抛光处理，在去除稻糠的同时，将米的精华胚芽部分也除掉了。而胚芽米在加工过程中最大限度地保留了米的胚芽部分，是真正的营养米、健康米。

"真没想到，吃了一辈子大米，却一直没吃到胚芽，太可惜了。"林阿姨让老板给她家送去15公斤，可老板却建议她少买点。"吃胚芽米一定要注意保持新鲜，如果15天没有吃完，胚芽米极易氧化变质。"

记者了解到，店老板名叫刘娟彬，今年22岁，是一个"90后"大学毕业生，刚从福建工程学院计算机系统管理专业毕业。"实习的时候，我在一家网站做频道策划，工作一段时间后，觉得没有热情，就想着自己创业。"刘娟彬说，他在上网时看到一则新闻，报道了吉林省一名女工销售现碾大米创业的事，就产生了开米店的念头。

"我来自农村，家里也有亲戚种稻谷，做这行的确还不错。"于是，小刘放弃了留在某网站工作的机会，在网上购买了碾米设备，同时在周边小区进行市场调研，选址开店。"上周六店铺开始营业，每天都能卖出去20多公斤大米，如果客源稳定下来，每个月的利润可以达到5000元。"小刘对店铺的前景很有信心。

为了让更多小区居民知道，刘娟彬上午开门营业，下午便带着名片和宣传单跑社区宣传。"明年1月初，我打算向中国青年创业国际计划（简称YBC）福州工作站申请补助，我的创业导师说，依我的条件可能会有4万元的创业补助资金。"刘娟彬说，拿到资金后，他打算在杨桥路再开一家直营门店。

（摘自《福州日报》）

1. 怎样理解创业机遇就在你身边？

2. 先就业后创业是许多创业者采用的模式，你能从这种创业模式中领悟到什么？

3. 从大学生创业的案例中你能得到什么启示？

4. 分组讨论，从你认识的亲戚朋友中或从新闻媒体中列举出创业成功或失败的案例，并分析其原因。

附 录

附录 A
中华人民共和国公司法

（1993 年 12 月 29 日第八届全国人民代表大会常务委员会第五次会议通过　根据 1999 年 12 月 25 日第九届全国人民代表大会常务委员会第十三次会议《关于修改〈中华人民共和国公司法〉的决定》第一次修正　根据 2004 年 8 月 28 日第十届全国人民代表大会常务委员会第十一次会议《关于修改〈中华人民共和国公司法〉的决定》第二次修正　2005 年 10 月 27 日第十届全国人民代表大会常务委员会第十八次会议修订　根据 2013 年 12 月 28 日第十二届全国人民代表大会常务委员会第六次会议《关于修改〈中华人民共和国海洋环境保护法〉等七部法律的决定》第三次修正　根据 2018 年 10 月 26 日第十三届全国人民代表大会常务委员会第六次会议《关于修改〈中华人民共和国公司法〉的决定》第四次修正）

第一章　总　　则

第一条　为了规范公司的组织和行为，保护公司、股东和债权人的合法权益，维护社会经济秩序，促进社会主义市场经济的发展，制定本法。

第二条　本法所称公司是指依照本法在中国境内设立的有限责任公司和股份有限公司。

第三条　公司是企业法人，有独立的法人财产，享有法人财产权。公司以其全部财产对公司的债务承担责任。

有限责任公司的股东以其认缴的出资额为限对公司承担责任；股份有限公司的股东以其认购的股份为限对公司承担责任。

第四条　公司股东依法享有资产收益、参与重大决策和选择管理者等权利。

第五条　公司从事经营活动，必须遵守法律、行政法规，遵守社会公德、商业道德，诚实守信，接受政府和社会公众的监督，承担社会责任。

公司的合法权益受法律保护，不受侵犯。

第六条　设立公司，应当依法向公司登记机关申请设立登记。符合本法规定的设立条件的，由公司登记机关分别登记为有限责任公司或者股份有限公司；不符合本法规定的设立条件的，不得登记为有限责任公司或者股份有限公司。

法律、行政法规规定设立公司必须报经批准的，应当在公司登记前依法办理批准手续。

公众可以向公司登记机关申请查询公司登记事项，公司登记机关应当提供查询服务。

第七条　依法设立的公司，由公司登记机关发给公司营业执照。公司营业执照签发日期为公司成立日期。

公司营业执照应当载明公司的名称、住所、注册资本、经营范围、法定代表人姓名等事项。

公司营业执照记载的事项发生变更的，公司应当依法办理变更登记，由公司登记机关换发营业执照。

第八条　依照本法设立的有限责任公司，必须在公司名称中标明有限责任公司或者有限公司字样。

依照本法设立的股份有限公司，必须在公司名称中标明股份有限公司或者股份公司字样。

第九条　有限责任公司变更为股份有限公司，应当符合本法规定的股份有限公司的条件。股份有限公司变更为有限责任公司，应当符合本法规定的有限责任公司的条件。

有限责任公司变更为股份有限公司的，或者股份有限公司变更为有限责任公司的，公司变更前的债权、债务由变更后的公司承继。

第十条　公司以其主要办事机构所在地为住所。

第十一条　设立公司必须依法制定公司章程。公司章程对公司、股东、董事、监事、高级管理人员具有约束力。

第十二条　公司的经营范围由公司章程规定，并依法登记。公司可以修改公司章程，改变经营范围，但是应当办理变更登记。

公司的经营范围中属于法律、行政法规规定须经批准的项目，应当依法经过批准。

第十三条　公司法定代表人依照公司章程的规定，由董事长、执行董事或者经理担任，并依法登记。公司法定代表人变更，应当办理变更登记。

第十四条　公司可以设立分公司。设立分公司，应当向公司登记机关申请登记，领取营业执照。分公司不具有法人资格，其民事责任由公司承担。

公司可以设立子公司，子公司具有法人资格，依法独立承担民事责任。

第十五条　公司可以向其他企业投资；但是，除法律另有规定外，不得成为对所投资企业的债务承担连带责任的出资人。

第十六条　公司向其他企业投资或者为他人提供担保，依照公司章程的规定，由董事会或者股东会、股东大会决议；公司章程对投资或者担保的总额及单项投资或者担保的数额有限额规定的，不得超过规定的限额。

公司为公司股东或者实际控制人提供担保的，必须经股东会或者股东大会决议。

前款规定的股东或者受前款规定的实际控制人支配的股东，不得参加前款规定事项的表决。该项表决由出席会议的其他股东所持表决权的过半数通过。

第十七条　公司必须保护职工的合法权益，依法与职工签订劳动合同，参加社会保险，加强劳动保护，实现安全生产。

公司应当采用多种形式，加强公司职工的职业教育和岗位培训，提高职工素质。

第十八条　公司职工依照《中华人民共和国工会法》组织工会，开展工会活动，维护职工合法权益。公司应当为本公司工会提供必要的活动条件。公司工会代表职工就职工的劳动报酬、工作时间、福利、保险和劳动安全卫生等事项依法与公司签订集体合同。

公司依照宪法和有关法律的规定，通过职工代表大会或者其他形式，实行民主管理。

公司研究决定改制以及经营方面的重大问题、制定重要的规章制度时，应当听取公司工会的意见，并通过职工代表大会或者其他形式听取职工的意见和建议。

第十九条　在公司中，根据中国共产党章程的规定，设立中国共产党的组织，开展党的活动。公司应当为党组织的活动提供必要条件。

第二十条　公司股东应当遵守法律、行政法规和公司章程，依法行使股东权利，不得滥用股东权利损害公司或者其他股东的利益；不得滥用公司法人独立地位和股东有限责任损害公司债权人的利益。

公司股东滥用股东权利给公司或者其他股东造成损失的，应当依法承担赔偿责任。

公司股东滥用公司法人独立地位和股东有限责任，逃避债务，严重损害公司债权人利益的，应当对公司债务承担连带责任。

第二十一条　公司的控股股东、实际控制人、董事、监事、高级管理人员不得利用其关联关系损害公司利益。

违反前款规定，给公司造成损失的，应当承担赔偿责任。

第二十二条　公司股东会或者股东大会、董事会的决议内容违反法律、行政法规的无效。

股东会或者股东大会、董事会的会议召集程序、表决方式违反法律、行政法规或者公司章程，或者决议内容违反公司章程的，股东可以自决议作出之日起六十日内，请求人民法院撤销。

股东依照前款规定提起诉讼的，人民法院可以应公司的请求，要求股东提供相应担保。

公司根据股东会或者股东大会、董事会决议已办理变更登记的，人民法院宣告该决议无效或者撤销该决议后，公司应当向公司登记机关申请撤销变更登记。

第二章 有限责任公司的设立和组织机构
第一节 设 立

第二十三条 设立有限责任公司，应当具备下列条件：

（一）股东符合法定人数；

（二）有符合公司章程规定的全体股东认缴的出资额；

（三）股东共同制定公司章程；

（四）有公司名称，建立符合有限责任公司要求的组织机构；

（五）有公司住所。

第二十四条 有限责任公司由五十个以下股东出资设立。

第二十五条 有限责任公司章程应当载明下列事项：

（一）公司名称和住所；

（二）公司经营范围；

（三）公司注册资本；

（四）股东的姓名或者名称；

（五）股东的出资方式、出资额和出资时间；

（六）公司的机构及其产生办法、职权、议事规则；

（七）公司法定代表人；

（八）股东会会议认为需要规定的其他事项。

股东应当在公司章程上签名、盖章。

第二十六条 有限责任公司的注册资本为在公司登记机关登记的全体股东认缴的出资额。

法律、行政法规以及国务院决定对有限责任公司注册资本实缴、注册资本最低限额另有规定的，从其规定。

第二十七条　股东可以用货币出资，也可以用实物、知识产权、土地使用权等可以用货币估价并可以依法转让的非货币财产作价出资；但是，法律、行政法规规定不得作为出资的财产除外。

对作为出资的非货币财产应当评估作价，核实财产，不得高估或者低估作价。法律、行政法规对评估作价有规定的，从其规定。

第二十八条　股东应当按期足额缴纳公司章程中规定的各自所认缴的出资额。股东以货币出资的，应当将货币出资足额存入有限责任公司在银行开设的账户；以非货币财产出资的，应当依法办理其财产权的转移手续。

股东不按照前款规定缴纳出资的，除应当向公司足额缴纳外，还应当向已按期足额缴纳出资的股东承担违约责任。

第二十九条　股东认足公司章程规定的出资后，由全体股东指定的代表或者共同委托的代理人向公司登记机关报送公司登记申请书、公司章程等文件，申请设立登记。

第三十条　有限责任公司成立后，发现作为设立公司出资的非货币财产的实际价额显著低于公司章程所定价额的，应当由交付该出资的股东补足其差额；公司设立时的其他股东承担连带责任。

第三十一条　有限责任公司成立后，应当向股东签发出资证明书。

出资证明书应当载明下列事项：

（一）公司名称；

（二）公司成立日期；

（三）公司注册资本；

（四）股东的姓名或者名称、缴纳的出资额和出资日期；

（五）出资证明书的编号和核发日期。

出资证明书由公司盖章。

第三十二条　有限责任公司应当置备股东名册，记载下列事项：

（一）股东的姓名或者名称及住所；

（二）股东的出资额；

（三）出资证明书编号。

记载于股东名册的股东，可以依股东名册主张行使股东权利。

公司应当将股东的姓名或者名称向公司登记机关登记；登记事项发生变更的，应当办理变更登记。未经登记或者变更登记的，不得对抗第三人。

第三十三条　股东有权查阅、复制公司章程、股东会会议记录、董事会会议决议、监事会会议决议和财务会计报告。

股东可以要求查阅公司会计账簿。股东要求查阅公司会计账簿的，应当向公司提出书面请求，说明目的。公司有合理根据认为股东查阅会计账簿有不正当目的，可能损害公司合法利益的，可以拒绝提供查阅，并应当自股东提出书面请求之日起十五日内书面答复股东并说明理由。公司拒绝提供查阅的，股东可以请求人民法院要求公司提供查阅。

第三十四条　股东按照实缴的出资比例分取红利；公司新增资本时，股东有权优先按照实缴的出资比例认缴出资。但是，全体股东约定不按照出资比例分取红利或者不按照出资比例优先认缴出资的除外。

第三十五条　公司成立后，股东不得抽逃出资。

第二节　组　织　机　构

第三十六条　有限责任公司股东会由全体股东组成。股东会是公司的权力机构，依照本法行使职权。

第三十七条　股东会行使下列职权：

（一）决定公司的经营方针和投资计划；

（二）选举和更换非由职工代表担任的董事、监事，决定有关董事、监事的报酬事项；

（三）审议批准董事会的报告；

（四）审议批准监事会或者监事的报告；

（五）审议批准公司的年度财务预算方案、决算方案；

（六）审议批准公司的利润分配方案和弥补亏损方案；

（七）对公司增加或者减少注册资本作出决议；

（八）对发行公司债券作出决议；

（九）对公司合并、分立、解散、清算或者变更公司形式作出决议；

（十）修改公司章程；

（十一）公司章程规定的其他职权。

对前款所列事项股东以书面形式一致表示同意的，可以不召开股东会会议，直接作出决定，并由全体股东在决定文件上签名、盖章。

第三十八条　首次股东会会议由出资最多的股东召集和主持，依照本法规定行使职权。

第三十九条　股东会会议分为定期会议和临时会议。

定期会议应当依照公司章程的规定按时召开。代表十分之一以上表决权的股东，三分之一以上的董事，监事会或者不设监事会的公司的监事提议召开临时会议的，应当召开临时会议。

第四十条　有限责任公司设立董事会的，股东会会议由董事会召集，董事长主持；董事长不能履行职务或者不履行职务的，由副董事长主持；副董事长不能履行职务或者不履行职务的，由半数以上董事共同推举一名董事主持。

有限责任公司不设董事会的，股东会会议由执行董事召集和主持。

董事会或者执行董事不能履行或者不履行召集股东会会议职责的，由监事会或者不设监事会的公司的监事召集和主持；监事会或者监事不召集和主持的，代表十分之一以上表决权的股东可以自行召集和主持。

第四十一条　召开股东会会议，应当于会议召开十五日前通知全体股东；但是，公司章程另有规定或者全体股东另有约定的除外。

股东会应当对所议事项的决定作成会议记录，出席会议的股东应当在会议记录上签名。

第四十二条　股东会会议由股东按照出资比例行使表决权；但是，公司章程另有规定的除外。

第四十三条　股东会的议事方式和表决程序，除本法有规定的外，由公司章程规定。

股东会会议作出修改公司章程、增加或者减少注册资本的决议，以及公司合并、分立、解散或者变更公司形式的决议，必须经代表三分之二以上表决权的股东通过。

第四十四条　有限责任公司设董事会，其成员为三人至十三人；但是，本法第五十条另有规定的除外。

两个以上的国有企业或者两个以上的其他国有投资主体投资设立的有限责任公司，其董事会成员中应当有公司职工代表；其他有限责任公司董事会成员中可以有公司职工代表。董事会中的职工代表由公司职工通过职工代表大会、职工大会或者其他形式民主选举产生。

董事会设董事长一人，可以设副董事长。董事长、副董事长的产生办法由公司章程规定。

第四十五条　董事任期由公司章程规定，但每届任期不得超过三年。董事任期届满，连选可以连任。

董事任期届满未及时改选，或者董事在任期内辞职导致董事会成员低于法定人数的，在改选出的董事就任前，原董事仍应当依照法律、行政法规和公司章程的规定，履行董事职务。

第四十六条　董事会对股东会负责，行使下列职权：

（一）召集股东会会议，并向股东会报告工作；

（二）执行股东会的决议；

（三）决定公司的经营计划和投资方案；

（四）制订公司的年度财务预算方案、决算方案；

（五）制订公司的利润分配方案和弥补亏损方案；

（六）制订公司增加或者减少注册资本以及发行公司债券的方案；

（七）制订公司合并、分立、解散或者变更公司形式的方案；

（八）决定公司内部管理机构的设置；

（九）决定聘任或者解聘公司经理及其报酬事项，并根据经理的提名决定聘任或者解聘公司副经理、财务负责人及其报酬事项；

（十）制定公司的基本管理制度；

（十一）公司章程规定的其他职权。

第四十七条　董事会会议由董事长召集和主持；董事长不能履行职务或者不履行职务的，由副董事长召集和主持；副董事长不能履行职务或者不履行职务的，由半数以上董事共同推举一名董事召集和主持。

第四十八条　董事会的议事方式和表决程序，除本法有规定的外，由公司章程规定。

董事会应当对所议事项的决定作成会议记录，出席会议的董事应当在会议记录上签名。

董事会决议的表决，实行一人一票。

第四十九条　有限责任公司可以设经理，由董事会决定聘任或者解聘。经理对董事会负责，行使下列职权：

（一）主持公司的生产经营管理工作，组织实施董事会决议；

（二）组织实施公司年度经营计划和投资方案；

（三）拟订公司内部管理机构设置方案；

（四）拟订公司的基本管理制度；

（五）制定公司的具体规章；

（六）提请聘任或者解聘公司副经理、财务负责人；

（七）决定聘任或者解聘除应由董事会决定聘任或者解聘以外的负责管理人员；

（八）董事会授予的其他职权。

公司章程对经理职权另有规定的，从其规定。

经理列席董事会会议。

第五十条　股东人数较少或者规模较小的有限责任公司，可以设一名执行董事，不设董事会。执行董事可以兼任公司经理。

执行董事的职权由公司章程规定。

第五十一条　有限责任公司设监事会，其成员不得少于三人。股东人数较少或者规模较小的有限责任公司，可以设一至二名监事，不设监事会。

监事会应当包括股东代表和适当比例的公司职工代表，其中职工代表的比例不得低于三分之一，具体比例由公司章程规定。监事会中的职工代表由公司职工通过职工代表大会、职工大会或者其他形式民主选举产生。

监事会设主席一人，由全体监事过半数选举产生。监事会主席召集和主持监事会会议；监事会主席不能履行职务或者不履行职务的，由半数以上监事共同推举一名监事召集和主持监事会会议。

董事、高级管理人员不得兼任监事。

第五十二条　监事的任期每届为三年。监事任期届满，连选可以连任。

监事任期届满未及时改选，或者监事在任期内辞职导致监事会成员低于法定人数的，在改选出的监事就任前，原监事仍应当依照法律、行政法规和公司章程的规定，履行监事职务。

第五十三条　监事会、不设监事会的公司的监事行使下列职权：

（一）检查公司财务；

（二）对董事、高级管理人员执行公司职务的行为进行监督，对违反法律、行政法规、公司章程或者股东会决议的董事、高级管理人员提出罢免的建议；

（三）当董事、高级管理人员的行为损害公司的利益时，要求董事、高级管理人员予以纠正；

（四）提议召开临时股东会会议，在董事会不履行本法规定的召集和主持股东会会议职责时召集和主持股东会会议；

（五）向股东会会议提出提案；

（六）依照本法第一百五十一条的规定，对董事、高级管理人员提起诉讼；

（七）公司章程规定的其他职权。

第五十四条　监事可以列席董事会会议，并对董事会决议事项提出质询或者建议。

监事会、不设监事会的公司的监事发现公司经营情况异常，可以进行调查；必要时，可以聘请会计师事务所等协助其工作，费用由公司承担。

第五十五条　监事会每年度至少召开一次会议，监事可以提议召开临时监事会会议。

监事会的议事方式和表决程序，除本法有规定的外，由公司章程规定。

监事会决议应当经半数以上监事通过。

监事会应当对所议事项的决定作成会议记录，出席会议的监事应当在会议记录上签名。

第五十六条　监事会、不设监事会的公司的监事行使职权所必需的费用，由公司承担。

第三节　一人有限责任公司的特别规定

第五十七条　一人有限责任公司的设立和组织机构，适用本节规定；本节没有规定的，适用本章第一节、第二节的规定。

本法所称一人有限责任公司，是指只有一个自然人股东或者一个法人股东的有限责任公司。

第五十八条　一个自然人只能投资设立一个一人有限责任公司。该一人有限责任公司不能投资设立新的一人有限责任公司。

第五十九条　一人有限责任公司应当在公司登记中注明自然人独资或者法人独资，并在公司营业执照中载明。

第六十条　一人有限责任公司章程由股东制定。

第六十一条　一人有限责任公司不设股东会。股东作出本法第三十七条第一款所列决定时，应当采用书面形式，并由股东签名后置备于公司。

第六十二条　一人有限责任公司应当在每一会计年度终了时编制财务会计报告，并经会计师事务所审计。

第六十三条　一人有限责任公司的股东不能证明公司财产独立于股东自己的财产的，应当对公司债务承担连带责任。

第四节　国有独资公司的特别规定

第六十四条　国有独资公司的设立和组织机构，适用本节规定；本节没有规定的，适用本章第一节、第二节的规定。

本法所称国有独资公司，是指国家单独出资、由国务院或者地方人民政府授权本级人民政府国有资产监督管理机构履行出资人职责的有限责任公司。

第六十五条　国有独资公司章程由国有资产监督管理机构制定，或者由董事会制订报国有资产监督管理机构批准。

第六十六条　国有独资公司不设股东会，由国有资产监督管理机构行使股东会职权。国有资产监督管理机构可以授权公司董事会行使股东会的部分职权，决定公司的重大事项，但公司的合并、分立、解散、增加或者减少注册资本和发行公司债券，必须由国有资产监督管理机构决定；其中，重要的国有独资公司合并、分立、解散、申请破产的，应当由国有资产监督管理机构审核后，报本级人民政府批准。

前款所称重要的国有独资公司，按照国务院的规定确定。

第六十七条　国有独资公司设董事会，依照本法第四十六条、第六十六条的规定行使职权。董事每届任期不得超过三年。董事会成员中应当有公司职工代表。

董事会成员由国有资产监督管理机构委派；但是，董事会成员中的职工代表由公司职工代表大会选举产生。

董事会设董事长一人，可以设副董事长。董事长、副董事长由国有资产监督管理机构从董事会成员中指定。

第六十八条　国有独资公司设经理，由董事会聘任或者解聘。经理依照本法第四十九条规定行使职权。

经国有资产监督管理机构同意，董事会成员可以兼任经理。

第六十九条　国有独资公司的董事长、副董事长、董事、高级管理人员，未经国有资产监督管理机构同意，不得在其他有限责任公司、股份有限公司或者其他经济组织兼职。

第七十条　国有独资公司监事会成员不得少于五人，其中职工代表的比例不得低于三分之一，具体比例由公司章程规定。

监事会成员由国有资产监督管理机构委派；但是，监事会成员中的职工代表由公司职工代表大会选举产生。监事会主席由国有资产监督管理机构从监事会成员中指定。

监事会行使本法第五十三条第（一）项至第（三）项规定的职权和国务院规定的其他职权。

第三章　有限责任公司的股权转让

第七十一条　有限责任公司的股东之间可以相互转让其全部或者部分股权。

股东向股东以外的人转让股权，应当经其他股东过半数同意。股东应就其股权转让事项书面通知其他股东征求同意，其他股东自接到书面通知之日起满三十日未答复的，视为同意转让。其他股东半数以上不同意转让的，不同意的股东应当购买该转让的股权；不购买的，视为同意转让。

经股东同意转让的股权，在同等条件下，其他股东有优先购买权。两个以上股东主张行使优先购买权的，协商确定各自的购买比例；协商不成的，按照转让时各自的出资比例行使优先购买权。

公司章程对股权转让另有规定的，从其规定。

第七十二条　人民法院依照法律规定的强制执行程序转让股东的股权时，应当通知公司及全体股东，其他股东在同等条件下有优先购买权。其他股东自人民法院通知之日起满二十日不行使优先购买权的，视为放弃优先购买权。

第七十三条　依照本法第七十一条、第七十二条转让股权后，公司应当注销原股东的出资证明书，向新股东签发出资证明书，并相应修改公司章程和股东名册中有关股东及其出资额的记载。对公司章程的该项修改不需再由股东会表决。

第七十四条　有下列情形之一的，对股东会该项决议投反对票的股东可以请求公司按照合理的价格收购其股权：

（一）公司连续五年不向股东分配利润，而公司该五年连续盈利，并且符合本法规定的分配利润条件的；

（二）公司合并、分立、转让主要财产的；

（三）公司章程规定的营业期限届满或者章程规定的其他解散事由出现，股东会会议通过决议修改章程使公司存续的。

自股东会会议决议通过之日起六十日内，股东与公司不能达成股权收购协议的，股东可以自股东会会议决议通过之日起九十日内向人民法院提起诉讼。

第七十五条　自然人股东死亡后，其合法继承人可以继承股东资格；但是，公司章程另有规定的除外。

第四章　股份有限公司的设立和组织机构
第一节　设　立

第七十六条　设立股份有限公司，应当具备下列条件：

（一）发起人符合法定人数；

（二）有符合公司章程规定的全体发起人认购的股本总额或者募集的实收股本总额；

（三）股份发行、筹办事项符合法律规定；

（四）发起人制订公司章程，采用募集方式设立的经创立大会通过；

（五）有公司名称，建立符合股份有限公司要求的组织机构；

（六）有公司住所。

第七十七条　股份有限公司的设立，可以采取发起设立或者募集设立的方式。

发起设立，是指由发起人认购公司应发行的全部股份而设立公司。

募集设立，是指由发起人认购公司应发行股份的一部分，其余股份向社会公开募集或者向特定对象募集而设立公司。

第七十八条　设立股份有限公司，应当有二人以上二百人以下为发起人，其中须有半数以上的发起人在中国境内有住所。

第七十九条　股份有限公司发起人承担公司筹办事务。

发起人应当签订发起人协议，明确各自在公司设立过程中的权利和义务。

第八十条　股份有限公司采取发起设立方式设立的，注册资本为在公司登记机关登记的全体发起人认购的股本总额。在发起人认购的股份缴足前，不得向他人募集股份。

股份有限公司采取募集方式设立的，注册资本为在公司登记机关登记的实收股本总额。

法律、行政法规以及国务院决定对股份有限公司注册资本实缴、注册资本最低限额另有规定的，从其规定。

第八十一条　股份有限公司章程应当载明下列事项：

（一）公司名称和住所；

（二）公司经营范围；

（三）公司设立方式；

（四）公司股份总数、每股金额和注册资本；

（五）发起人的姓名或者名称、认购的股份数、出资方式和出资时间；

（六）董事会的组成、职权和议事规则；

（七）公司法定代表人；

（八）监事会的组成、职权和议事规则；

（九）公司利润分配办法；

（十）公司的解散事由与清算办法；

（十一）公司的通知和公告办法；

（十二）股东大会会议认为需要规定的其他事项。

第八十二条　发起人的出资方式，适用本法第二十七条的规定。

第八十三条　以发起设立方式设立股份有限公司的，发起人应当书面认足公司章程规定其认购的股份，并按照公司章程规定缴纳出资。以非货币财产出资的，应当依法办理其财产权的转移手续。

发起人不依照前款规定缴纳出资的，应当按照发起人协议承担违约责任。

发起人认足公司章程规定的出资后，应当选举董事会和监事会，由董事会向公司登记机关报送公司章程以及法律、行政法规规定的其他文件，申请设立登记。

第八十四条　以募集设立方式设立股份有限公司的，发起人认购的股份不得少于公司股份总数的百分之三十五；但是，法律、行政法规另有规定的，从其规定。

第八十五条　发起人向社会公开募集股份，必须公告招股说明书，并制作认股书。认股书应当载明本法第八十六条所列事项，由认股人填写认购股数、金额、住所，并签名、盖章。认股人按照所认购股数缴纳股款。

第八十六条　招股说明书应当附有发起人制订的公司章程，并载明下列事项：

（一）发起人认购的股份数；

（二）每股的票面金额和发行价格；

（三）无记名股票的发行总数；

（四）募集资金的用途；

（五）认股人的权利、义务；

（六）本次募股的起止期限及逾期未募足时认股人可以撤回所认股份的说明。

第八十七条　发起人向社会公开募集股份，应当由依法设立的证券公司承销，签订承销协议。

第八十八条　发起人向社会公开募集股份，应当同银行签订代收股款协议。

代收股款的银行应当按照协议代收和保存股款，向缴纳股款的认股人出具收款单据，并负有向有关部门出具收款证明的义务。

第八十九条　发行股份的股款缴足后，必须经依法设立的验资机构验资并出具证明。发起人应当自股款缴足之日起三十日内主持召开公司创立大会。创立大会由发起人、认股人组成。

发行的股份超过招股说明书规定的截止期限尚未募足的，或者发行股份的股款缴足后，发起人在三十日内未召开创立大会的，认股人可以按照所缴股款并加算银行同期存款利息，要求发起人返还。

第九十条　发起人应当在创立大会召开十五日前将会议日期通知各认股人或者予以公告。创立大会应有代表股份总数过半数的发起人、认股人出席，方可举行。

创立大会行使下列职权：

（一）审议发起人关于公司筹办情况的报告；

（二）通过公司章程；

（三）选举董事会成员；

（四）选举监事会成员；

（五）对公司的设立费用进行审核；

（六）对发起人用于抵作股款的财产的作价进行审核；

（七）发生不可抗力或者经营条件发生重大变化直接影响公司设立的，可以作出不设立公司的决议。

创立大会对前款所列事项作出决议，必须经出席会议的认股人所持表决权过半数通过。

第九十一条　发起人、认股人缴纳股款或者交付抵作股款的出资后，除未按期募足股份、发起人未按期召开创立大会或者创立大会决议不设立公司的情形外，不得抽回其股本。

第九十二条　董事会应于创立大会结束后三十日内，向公司登记机关报送下列文件，申请设立登记：

（一）公司登记申请书；

（二）创立大会的会议记录；

（三）公司章程；

（四）验资证明；

（五）法定代表人、董事、监事的任职文件及其身份证明；

（六）发起人的法人资格证明或者自然人身份证明；

（七）公司住所证明。

以募集方式设立股份有限公司公开发行股票的，还应当向公司登记机关报送国务院证券监督管理机构的核准文件。

第九十三条　股份有限公司成立后，发起人未按照公司章程的规定缴足出资的，应当补缴；其他发起人承担连带责任。

股份有限公司成立后，发现作为设立公司出资的非货币财产的实际价额显著低于公司章程所定价额的，应当由交付该出资的发起人补足其差额；其他发起人承担连带责任。

第九十四条　股份有限公司的发起人应当承担下列责任：

（一）公司不能成立时，对设立行为所产生的债务和费用负连带责任；

（二）公司不能成立时，对认股人已缴纳的股款，负返还股款并加算银行同期存款利息的连带责任；

（三）在公司设立过程中，由于发起人的过失致使公司利益受到损害的，应当对公司承担赔偿责任。

第九十五条　有限责任公司变更为股份有限公司时，折合的实收股本总额不得高于公司净资产额。有限责任公司变更为股份有限公司，为增加资本公开发行股份时，应当依法办理。

第九十六条　股份有限公司应当将公司章程、股东名册、公司债券存根、股东大会会议记录、董事会会议记录、监事会会议记录、财务会计报告置备于本公司。

第九十七条　股东有权查阅公司章程、股东名册、公司债券存根、股东大会会议记录、董事会会议决议、监事会会议决议、财务会计报告，对公司的经营提出建议或者质询。

第二节　股东大会

第九十八条　股份有限公司股东大会由全体股东组成。股东大会是公司的权力机构，依照本法行使职权。

第九十九条　本法第三十七条第一款关于有限责任公司股东会职权的规定，适用于股份有限公司股东大会。

第一百条　股东大会应当每年召开一次年会。有下列情形之一的，应当在两个月内召开临时股东大会：

（一）董事人数不足本法规定人数或者公司章程所定人数的三分之二时；

（二）公司未弥补的亏损达实收股本总额三分之一时；

（三）单独或者合计持有公司百分之十以上股份的股东请求时；

（四）董事会认为必要时；

（五）监事会提议召开时；

（六）公司章程规定的其他情形。

第一百零一条　股东大会会议由董事会召集，董事长主持；董事长不能履行职务或者不履行职务的，由副董事长主持；副董事长不能履行职务或者不履行职务的，由半数以上董事共同推举一名董事主持。

董事会不能履行或者不履行召集股东大会会议职责的，监事会应当及时召集和主持；监事会不召集和主持的，连续九十日以上单独或者合计持有公司百分之十以上股份的股东可以自行召集和主持。

第一百零二条　召开股东大会会议，应当将会议召开的时间、地点和审议的事项于会议召开二十日前通知各股东；临时股东大会应当于会议召开十五日前通知各股东；发行无记名股票的，应当于会议召开三十日前公告会议召开的时间、地点和审议事项。

单独或者合计持有公司百分之三以上股份的股东，可以在股东大会召开十日前提出临时提案并书面提交董事会；董事会应当在收到提案后二日内通知其他股东，并将该临时提案提交股东大会审议。临时提案的内容应当属于股东大会职权范围，并有明确议题和具体决议事项。

股东大会不得对前两款通知中未列明的事项作出决议。

无记名股票持有人出席股东大会会议的，应当于会议召开五日前至股东大会闭会时将股票交存于公司。

第一百零三条　股东出席股东大会会议，所持每一股份有一表决权。但是，公司持有的本公司股份没有表决权。

股东大会作出决议，必须经出席会议的股东所持表决权过半数通过。但是，股东大会作出修改公司章程、增加或者减少注册资本的决议，以及公司合并、分立、解散或者变更公司形式的决议，必须经出席会议的股东所持表决权的三分之二以上通过。

第一百零四条　本法和公司章程规定公司转让、受让重大资产或者对外提供担保等事项必须经股东大会作出决议的，董事会应当及时召集股东大会会议，由股东大会就上述事项进行表决。

第一百零五条　股东大会选举董事、监事，可以依照公司章程的规定或者股东大会的决议，实行累积投票制。

本法所称累积投票制，是指股东大会选举董事或者监事时，每一股份拥有与应选董事或者监事人数相同的表决权，股东拥有的表决权可以集中使用。

第一百零六条　股东可以委托代理人出席股东大会会议，代理人应当向公司提交股东授权委托书，并在授权范围内行使表决权。

第一百零七条　股东大会应当对所议事项的决定作成会议记录，主持人、出席会议的董事应当在会议记录上签名。会议记录应当与出席股东的签名册及代理出席的委托书一并保存。

第三节　董事会、经理

第一百零八条　股份有限公司设董事会，其成员为五人至十九人。

董事会成员中可以有公司职工代表。董事会中的职工代表由公司职工通过职工代表大会、职工大会或者其他形式民主选举产生。

本法第四十五条关于有限责任公司董事任期的规定，适用于股份有限公司董事。

本法第四十六条关于有限责任公司董事会职权的规定，适用于股份有限公司董事会。

第一百零九条　董事会设董事长一人，可以设副董事长。董事长和副董事长由董事会以全体董事的过半数选举产生。

董事长召集和主持董事会会议，检查董事会决议的实施情况。副董事长协助董事长工作，董事长不能履行职务或者不履行职务的，由副董事长履行职务；副董事长不能履行职务或者不履行职务的，由半数以上董事共同推举一名董事履行职务。

第一百一十条　董事会每年度至少召开两次会议，每次会议应当于会议召开十日前通知全体董事和监事。

代表十分之一以上表决权的股东、三分之一以上董事或者监事会，可以提议召开董事会临时会议。董事长应当自接到提议后十日内，召集和主持董事会会议。

董事会召开临时会议，可以另定召集董事会的通知方式和通知时限。

第一百一十一条　董事会会议应有过半数的董事出席方可举行。董事会作出决议，必须经全体董事的过半数通过。

董事会决议的表决，实行一人一票。

第一百一十二条　董事会会议，应由董事本人出席；董事因故不能出席，可以书面委托其他董事代为出席，委托书中应载明授权范围。

董事会应当对会议所议事项的决定作成会议记录，出席会议的董事应当在会议记录上签名。

董事应当对董事会的决议承担责任。董事会的决议违反法律、行政法规或者公司章程、股东大会决议，致使公司遭受严重损失的，参与决议的董事对公司负赔偿责任。但经证明在表决时曾表明异议并记载于会议记录的，该董事可以免除责任。

第一百一十三条　股份有限公司设经理，由董事会决定聘任或者解聘。

本法第四十九条关于有限责任公司经理职权的规定，适用于股份有限公司经理。

第一百一十四条　公司董事会可以决定由董事会成员兼任经理。

第一百一十五条　公司不得直接或者通过子公司向董事、监事、高级管理人员提供借款。

第一百一十六条　公司应当定期向股东披露董事、监事、高级管理人员从公司获得报酬的情况。

第四节　监 事 会

第一百一十七条　股份有限公司设监事会，其成员不得少于三人。

监事会应当包括股东代表和适当比例的公司职工代表，其中职工代表的比例不得低于三分之一，具体比例由公司章程规定。监事会中的职工代表由公司职工通过职工代表大会、职工大会或者其他形式民主选举产生。

监事会设主席一人，可以设副主席。监事会主席和副主席由全体监事过半数选举产生。监事会主席召集和主持监事会会议；监事会主席不能履行职务或者不履行职务的，由监事会副主席召集和主持监事会会议；监事会副主席不能履行职务或者不履行职务的，由半数以上监事共同推举一名监事召集和主持监事会会议。

董事、高级管理人员不得兼任监事。

本法第五十二条关于有限责任公司监事任期的规定，适用于股份有限公司监事。

第一百一十八条　本法第五十三条、第五十四条关于有限责任公司监事会职权的规定，适用于股份有限公司监事会。

监事会行使职权所必需的费用，由公司承担。

第一百一十九条　监事会每六个月至少召开一次会议。监事可以提议召开临时监事会会议。

监事会的议事方式和表决程序，除本法有规定的外，由公司章程规定。

监事会决议应当经半数以上监事通过。

监事会应当对所议事项的决定作成会议记录，出席会议的监事应当在会议记录上签名。

第五节　上市公司组织机构的特别规定

第一百二十条　本法所称上市公司，是指其股票在证券交易所上市交易的股份有限公司。

第一百二十一条　上市公司在一年内购买、出售重大资产或者担保金额超过公司资产总额百分之三十的，应当由股东大会作出决议，并经出席会议的股东所持表决权的三分之二以上通过。

第一百二十二条　上市公司设独立董事，具体办法由国务院规定。

第一百二十三条　上市公司设董事会秘书，负责公司股东大会和董事会会议的筹备、文件保管以及公司股东资料的管理，办理信息披露事务等事宜。

第一百二十四条　上市公司董事与董事会会议决议事项所涉及的企业有关联关系的，不得对该项决议行使表决权，也不得代理其他董事行使表决权。该董事会会议由过半数的无关联关系董事出席即可举行，董事会会议所作决议须经无关联关系董事过半数通过。出席董事会的无关联关系董事人数不足三人的，应将该事项提交上市公司股东大会审议。

第五章　股份有限公司的股份发行和转让

第一节　股份发行

第一百二十五条　股份有限公司的资本划分为股份，每一股的金额相等。

公司的股份采取股票的形式。股票是公司签发的证明股东所持股份的凭证。

第一百二十六条　股份的发行，实行公平、公正的原则，同种类的每一股份应当具有同等权利。

同次发行的同种类股票，每股的发行条件和价格应当相同；任何单位或者个人所认购的股份，每股应当支付相同价额。

第一百二十七条　股票发行价格可以按票面金额，也可以超过票面金额，但不得低于票面金额。

第一百二十八条　股票采用纸面形式或者国务院证券监督管理机构规定的其他形式。

股票应当载明下列主要事项：

（一）公司名称；

（二）公司成立日期；

（三）股票种类、票面金额及代表的股份数；

（四）股票的编号。

股票由法定代表人签名，公司盖章。

发起人的股票，应当标明发起人股票字样。

第一百二十九条　公司发行的股票，可以为记名股票，也可以为无记名股票。

公司向发起人、法人发行的股票，应当为记名股票，并应当记载该发起人、法人的名称或者姓名，不得另立户名或者以代表人姓名记名。

第一百三十条　公司发行记名股票的，应当置备股东名册，记载下列事项：

（一）股东的姓名或者名称及住所；

（二）各股东所持股份数；

（三）各股东所持股票的编号；

（四）各股东取得股份的日期。

发行无记名股票的，公司应当记载其股票数量、编号及发行日期。

第一百三十一条　国务院可以对公司发行本法规定以外的其他种类的股份，另行作出规定。

第一百三十二条　股份有限公司成立后，即向股东正式交付股票。公司成立前不得向股东交付股票。

第一百三十三条　公司发行新股，股东大会应当对下列事项作出决议：

（一）新股种类及数额；

（二）新股发行价格；

（三）新股发行的起止日期；

（四）向原有股东发行新股的种类及数额。

第一百三十四条　公司经国务院证券监督管理机构核准公开发行新股时，必须公告新股招股说明书和财务会计报告，并制作认股书。

本法第八十七条、第八十八条的规定适用于公司公开发行新股。

第一百三十五条　公司发行新股，可以根据公司经营情况和财务状况，确定其作价方案。

第一百三十六条　公司发行新股募足股款后，必须向公司登记机关办理变更登记，并公告。

第二节　股 份 转 让

第一百三十七条　股东持有的股份可以依法转让。

第一百三十八条　股东转让其股份，应当在依法设立的证券交易场所进行或者按照国务院规定的其他方式进行。

第一百三十九条　记名股票，由股东以背书方式或者法律、行政法规规定的其他方式转让；转让后由公司将受让人的姓名或者名称及住所记载于股东名册。

股东大会召开前二十日内或者公司决定分配股利的基准日前五日内，不得进行前款规定的股东名册的变更登记。但是，法律对上市公司股东名册变更登记另有规定的，从其规定。

第一百四十条　无记名股票的转让，由股东将该股票交付给受让人后即发生转让的效力。

第一百四十一条　发起人持有的本公司股份，自公司成立之日起一年内不得转让。公司公开发行股份前已发行的股份，自公司股票在证券交易所上市交易之日起一年内不得转让。

公司董事、监事、高级管理人员应当向公司申报所持有的本公司的股份及其变动情况，在任职期间每年转让的股份不得超过其所持有本公司股份总数的百分之二十五；所持本公司股份自公司股票上市交易之日起一年内不得转让。上述人员离职后半年内，不得转让其所持有的本公司股份。公司章程可以对公司董事、监事、高级管理人员转让其所持有的本公司股份作出其他限制性规定。

第一百四十二条　公司不得收购本公司股份。但是，有下列情形之一的除外：

（一）减少公司注册资本；

（二）与持有本公司股份的其他公司合并；

（三）将股份用于员工持股计划或者股权激励；

（四）股东因对股东大会作出的公司合并、分立决议持异议，要求公司收购其股份；

（五）将股份用于转换上市公司发行的可转换为股票的公司债券；

（六）上市公司为维护公司价值及股东权益所必需。

公司因前款第（一）项、第（二）项规定的情形收购本公司股份的，应当经股东大会决议；公司因前款第（三）项、第（五）项、第（六）项规定的情形收购本公司股份的，可以依照公司章程的规定或者股东大会的授权，经三分之二以上董事出席的董事会会议决议。

公司依照本条第一款规定收购本公司股份后，属于第（一）项情形的，应当自收购之日起十日内注销；属于第（二）项、第（四）项情形的，应当在六个月内转让或者注销；属于第（三）项、第（五）项、第（六）项情形的，公司合计持有的本公司股份数不得超过本公司已发行股份总额的百分之十，并应当在三年内转让或者注销。

上市公司收购本公司股份的，应当依照《中华人民共和国证券法》的规定履行信息披露义务。上市公司因本条第一款第（三）项、第（五）项、第（六）项规定的情形收购本公司股份的，应当通过公开的集中交易方式进行。

公司不得接受本公司的股票作为质押权的标的。

第一百四十三条　记名股票被盗、遗失或者灭失，股东可以依照《中华人民共和国民事诉讼法》规定的公示催告程序，请求人民法院宣告该股票失效。人民法院宣告该股票失效后，股东可以向公司申请补发股票。

第一百四十四条　上市公司的股票，依照有关法律、行政法规及证券交易所交易规则上市交易。

第一百四十五条　上市公司必须依照法律、行政法规的规定，公开其财务状况、经营情况及重大诉讼，在每会计年度内半年公布一次财务会计报告。

第六章　公司董事、监事、高级管理人员的资格和义务

第一百四十六条　有下列情形之一的，不得担任公司的董事、监事、高级管理人员：

（一）无民事行为能力或者限制民事行为能力；

（二）因贪污、贿赂、侵占财产、挪用财产或者破坏社会主义市场经济秩序，被判处刑罚，执行期满未逾五年，或者因犯罪被剥夺政治权利，执行期满未逾五年；

（三）担任破产清算的公司、企业的董事或者厂长、经理，对该公司、企业的破产负有个人责任的，自该公司、企业破产清算完结之日起未逾三年；

（四）担任因违法被吊销营业执照、责令关闭的公司、企业的法定代表人，并负有个人责任的，自该公司、企业被吊销营业执照之日起未逾三年；

（五）个人所负数额较大的债务到期未清偿。

公司违反前款规定选举、委派董事、监事或者聘任高级管理人员的，该选举、委派或者聘任无效。

董事、监事、高级管理人员在任职期间出现本条第一款所列情形的，公司应当解除其职务。

第一百四十七条　董事、监事、高级管理人员应当遵守法律、行政法规和公司章程，对公司负有忠实义务和勤勉义务。

董事、监事、高级管理人员不得利用职权收受贿赂或者其他非法收入，不得侵占公司的财产。

第一百四十八条　董事、高级管理人员不得有下列行为：

（一）挪用公司资金；

（二）将公司资金以其个人名义或者以其他个人名义开立账户存储；

（三）违反公司章程的规定，未经股东会、股东大会或者董事会同意，将公司资金借贷给他人或者以公司财产为他人提供担保；

（四）违反公司章程的规定或者未经股东会、股东大会同意，与本公司订立合同或者进行交易；

（五）未经股东会或者股东大会同意，利用职务便利为自己或者他人谋取属于公司

的商业机会，自营或者为他人经营与所任职公司同类的业务；

（六）接受他人与公司交易的佣金归为己有；

（七）擅自披露公司秘密；

（八）违反对公司忠实义务的其他行为。

董事、高级管理人员违反前款规定所得的收入应当归公司所有。

第一百四十九条　董事、监事、高级管理人员执行公司职务时违反法律、行政法规或者公司章程的规定，给公司造成损失的，应当承担赔偿责任。

第一百五十条　股东会或者股东大会要求董事、监事、高级管理人员列席会议的，董事、监事、高级管理人员应当列席并接受股东的质询。

董事、高级管理人员应当如实向监事会或者不设监事会的有限责任公司的监事提供有关情况和资料，不得妨碍监事会或者监事行使职权。

第一百五十一条　董事、高级管理人员有本法第一百四十九条规定的情形的，有限责任公司的股东、股份有限公司连续一百八十日以上单独或者合计持有公司百分之一以上股份的股东，可以书面请求监事会或者不设监事会的有限责任公司的监事向人民法院提起诉讼；监事有本法第一百四十九条规定的情形的，前述股东可以书面请求董事会或者不设董事会的有限责任公司的执行董事向人民法院提起诉讼。

监事会、不设监事会的有限责任公司的监事，或者董事会、执行董事收到前款规定的股东书面请求后拒绝提起诉讼，或者自收到请求之日起三十日内未提起诉讼，或者情况紧急、不立即提起诉讼将会使公司利益受到难以弥补的损害的，前款规定的股东有权为了公司的利益以自己的名义直接向人民法院提起诉讼。

他人侵犯公司合法权益，给公司造成损失的，本条第一款规定的股东可以依照前两款的规定向人民法院提起诉讼。

第一百五十二条　董事、高级管理人员违反法律、行政法规或者公司章程的规定，损害股东利益的，股东可以向人民法院提起诉讼。

第七章　公司债券

第一百五十三条　本法所称公司债券，是指公司依照法定程序发行、约定在一定期限还本付息的有价证券。

公司发行公司债券应当符合《中华人民共和国证券法》规定的发行条件。

第一百五十四条　发行公司债券的申请经国务院授权的部门核准后，应当公告公司债券募集办法。

公司债券募集办法中应当载明下列主要事项：

（一）公司名称；

（二）债券募集资金的用途；

（三）债券总额和债券的票面金额；

（四）债券利率的确定方式；

（五）还本付息的期限和方式；

（六）债券担保情况；

（七）债券的发行价格、发行的起止日期；

（八）公司净资产额；

（九）已发行的尚未到期的公司债券总额；

（十）公司债券的承销机构。

第一百五十五条　公司以实物券方式发行公司债券的，必须在债券上载明公司名称、债券票面金额、利率、偿还期限等事项，并由法定代表人签名，公司盖章。

第一百五十六条　公司债券，可以为记名债券，也可以为无记名债券。

第一百五十七条　公司发行公司债券应当置备公司债券存根簿。

发行记名公司债券的，应当在公司债券存根簿上载明下列事项：

（一）债券持有人的姓名或者名称及住所；

（二）债券持有人取得债券的日期及债券的编号；

（三）债券总额，债券的票面金额、利率、还本付息的期限和方式；

（四）债券的发行日期。

发行无记名公司债券的，应当在公司债券存根簿上载明债券总额、利率、偿还期限和方式、发行日期及债券的编号。

第一百五十八条　记名公司债券的登记结算机构应当建立债券登记、存管、付息、兑付等相关制度。

第一百五十九条　公司债券可以转让，转让价格由转让人与受让人约定。

公司债券在证券交易所上市交易的，按照证券交易所的交易规则转让。

第一百六十条　记名公司债券，由债券持有人以背书方式或者法律、行政法规规定的其他方式转让；转让后由公司将受让人的姓名或者名称及住所记载于公司债券存根簿。

无记名公司债券的转让，由债券持有人将该债券交付给受让人后即发生转让的效力。

第一百六十一条　上市公司经股东大会决议可以发行可转换为股票的公司债券，并在公司债券募集办法中规定具体的转换办法。上市公司发行可转换为股票的公司债券，应当报国务院证券监督管理机构核准。

发行可转换为股票的公司债券，应当在债券上标明可转换公司债券字样，并在公司债券存根簿上载明可转换公司债券的数额。

第一百六十二条　发行可转换为股票的公司债券的，公司应当按照其转换办法向债券持有人换发股票，但债券持有人对转换股票或者不转换股票有选择权。

第八章　公司财务、会计

第一百六十三条　公司应当依照法律、行政法规和国务院财政部门的规定建立本公司的财务、会计制度。

第一百六十四条　公司应当在每一会计年度终了时编制财务会计报告，并依法经会计师事务所审计。

财务会计报告应当依照法律、行政法规和国务院财政部门的规定制作。

第一百六十五条　有限责任公司应当依照公司章程规定的期限将财务会计报告送交各股东。

股份有限公司的财务会计报告应当在召开股东大会年会的二十日前置备于本公司，供股东查阅；公开发行股票的股份有限公司必须公告其财务会计报告。

第一百六十六条　公司分配当年税后利润时，应当提取利润的百分之十列入公司法定公积金。公司法定公积金累计额为公司注册资本的百分之五十以上的，可以不再提取。

公司的法定公积金不足以弥补以前年度亏损的，在依照前款规定提取法定公积金之前，应当先用当年利润弥补亏损。

公司从税后利润中提取法定公积金后，经股东会或者股东大会决议，还可以从税后利润中提取任意公积金。

公司弥补亏损和提取公积金后所余税后利润，有限责任公司依照本法第三十四条的规定分配；股份有限公司按照股东持有的股份比例分配，但股份有限公司章程规定不按持股比例分配的除外。

股东会、股东大会或者董事会违反前款规定，在公司弥补亏损和提取法定公积金之前向股东分配利润的，股东必须将违反规定分配的利润退还公司。

公司持有的本公司股份不得分配利润。

第一百六十七条　股份有限公司以超过股票票面金额的发行价格发行股份所得的溢价款以及国务院财政部门规定列入资本公积金的其他收入，应当列为公司资本公积金。

第一百六十八条　公司的公积金用于弥补公司的亏损、扩大公司生产经营或者转为增加公司资本。但是，资本公积金不得用于弥补公司的亏损。

法定公积金转为资本时，所留存的该项公积金不得少于转增前公司注册资本的百分之二十五。

第一百六十九条　公司聘用、解聘承办公司审计业务的会计师事务所，依照公司章程的规定，由股东会、股东大会或者董事会决定。

公司股东会、股东大会或者董事会就解聘会计师事务所进行表决时，应当允许会计师事务所陈述意见。

第一百七十条　公司应当向聘用的会计师事务所提供真实、完整的会计凭证、会计账簿、财务会计报告及其他会计资料，不得拒绝、隐匿、谎报。

第一百七十一条　公司除法定的会计账簿外，不得另立会计账簿。

对公司资产，不得以任何个人名义开立账户存储。

第九章　公司合并、分立、增资、减资

第一百七十二条　公司合并可以采取吸收合并或者新设合并。

一个公司吸收其他公司为吸收合并，被吸收的公司解散。两个以上公司合并设立一个新的公司为新设合并，合并各方解散。

第一百七十三条　公司合并，应当由合并各方签订合并协议，并编制资产负债表及财产清单。公司应当自作出合并决议之日起十日内通知债权人，并于三十日内在报纸上公告。债权人自接到通知书之日起三十日内，未接到通知书的自公告之日起四十五日内，可以要求公司清偿债务或者提供相应的担保。

第一百七十四条　公司合并时，合并各方的债权、债务，应当由合并后存续的公司或者新设的公司承继。

第一百七十五条　公司分立，其财产作相应的分割。

公司分立，应当编制资产负债表及财产清单。公司应当自作出分立决议之日起十日内通知债权人，并于三十日内在报纸上公告。

第一百七十六条　公司分立前的债务由分立后的公司承担连带责任。但是，公司在分立前与债权人就债务清偿达成的书面协议另有约定的除外。

第一百七十七条　公司需要减少注册资本时，必须编制资产负债表及财产清单。

公司应当自作出减少注册资本决议之日起十日内通知债权人，并于三十日内在报纸上公告。债权人自接到通知书之日起三十日内，未接到通知书的自公告之日起四十五日内，有权要求公司清偿债务或者提供相应的担保。

第一百七十八条　有限责任公司增加注册资本时，股东认缴新增资本的出资，依照本法设立有限责任公司缴纳出资的有关规定执行。

股份有限公司为增加注册资本发行新股时，股东认购新股，依照本法设立股份有限公司缴纳股款的有关规定执行。

第一百七十九条　公司合并或者分立，登记事项发生变更的，应当依法向公司登记机关办理变更登记；公司解散的，应当依法办理公司注销登记；设立新公司的，应当依法办理公司设立登记。

公司增加或者减少注册资本，应当依法向公司登记机关办理变更登记。

第十章　公司解散和清算

第一百八十条　公司因下列原因解散：

（一）公司章程规定的营业期限届满或者公司章程规定的其他解散事由出现；

（二）股东会或者股东大会决议解散；

（三）因公司合并或者分立需要解散；

（四）依法被吊销营业执照、责令关闭或者被撤销；

（五）人民法院依照本法第一百八十二条的规定予以解散。

第一百八十一条　公司有本法第一百八十条第（一）项情形的，可以通过修改公司章程而存续。

依照前款规定修改公司章程，有限责任公司须经持有三分之二以上表决权的股东通过，股份有限公司须经出席股东大会会议的股东所持表决权的三分之二以上通过。

第一百八十二条　公司经营管理发生严重困难，继续存续会使股东利益受到重大损失，通过其他途径不能解决的，持有公司全部股东表决权百分之十以上的股东，可以请求人民法院解散公司。

第一百八十三条　公司因本法第一百八十条第（一）项、第（二）项、第（四）项、第（五）项规定而解散的，应当在解散事由出现之日起十五日内成立清算组，开始清算。有限责任公司的清算组由股东组成，股份有限公司的清算组由董事或者股东大会确定的人员组成。逾期不成立清算组进行清算的，债权人可以申请人民法院指定有关人员组成清算组进行清算。人民法院应当受理该申请，并及时组织清算组进行清算。

第一百八十四条　清算组在清算期间行使下列职权：

（一）清理公司财产，分别编制资产负债表和财产清单；

（二）通知、公告债权人；

（三）处理与清算有关的公司未了结的业务；

（四）清缴所欠税款以及清算过程中产生的税款；

（五）清理债权、债务；

（六）处理公司清偿债务后的剩余财产；

（七）代表公司参与民事诉讼活动。

第一百八十五条　清算组应当自成立之日起十日内通知债权人，并于六十日内在报纸上公告。债权人应当自接到通知书之日起三十日内，未接到通知书的自公告之日起四十五日内，向清算组申报其债权。

债权人申报债权，应当说明债权的有关事项，并提供证明材料。清算组应当对债权进行登记。

在申报债权期间，清算组不得对债权人进行清偿。

第一百八十六条　清算组在清理公司财产、编制资产负债表和财产清单后，应当制定清算方案，并报股东会、股东大会或者人民法院确认。

公司财产在分别支付清算费用、职工的工资、社会保险费用和法定补偿金，缴纳所欠税款，清偿公司债务后的剩余财产，有限责任公司按照股东的出资比例分配，股份有限公司按照股东持有的股份比例分配。

清算期间，公司存续，但不得开展与清算无关的经营活动。公司财产在未依照前款规定清偿前，不得分配给股东。

第一百八十七条　清算组在清理公司财产、编制资产负债表和财产清单后，发现公司财产不足清偿债务的，应当依法向人民法院申请宣告破产。

公司经人民法院裁定宣告破产后，清算组应当将清算事务移交给人民法院。

第一百八十八条　公司清算结束后，清算组应当制作清算报告，报股东会、股东大会或者人民法院确认，并报送公司登记机关，申请注销公司登记，公告公司终止。

第一百八十九条　清算组成员应当忠于职守，依法履行清算义务。

清算组成员不得利用职权收受贿赂或者其他非法收入，不得侵占公司财产。

清算组成员因故意或者重大过失给公司或者债权人造成损失的，应当承担赔偿责任。

第一百九十条　公司被依法宣告破产的，依照有关企业破产的法律实施破产清算。

第十一章　外国公司的分支机构

第一百九十一条　本法所称外国公司是指依照外国法律在中国境外设立的公司。

第一百九十二条　外国公司在中国境内设立分支机构，必须向中国主管机关提出申请，并提交其公司章程、所属国的公司登记证书等有关文件，经批准后，向公司登记机关依法办理登记，领取营业执照。

外国公司分支机构的审批办法由国务院另行规定。

第一百九十三条　外国公司在中国境内设立分支机构，必须在中国境内指定负责该分支机构的代表人或者代理人，并向该分支机构拨付与其所从事的经营活动相适应的资金。

对外国公司分支机构的经营资金需要规定最低限额的，由国务院另行规定。

第一百九十四条　外国公司的分支机构应当在其名称中标明该外国公司的国籍及责任形式。

外国公司的分支机构应当在本机构中置备该外国公司章程。

第一百九十五条　外国公司在中国境内设立的分支机构不具有中国法人资格。

外国公司对其分支机构在中国境内进行经营活动承担民事责任。

第一百九十六条　经批准设立的外国公司分支机构，在中国境内从事业务活动，必须遵守中国的法律，不得损害中国的社会公共利益，其合法权益受中国法律保护。

第一百九十七条　外国公司撤销其在中国境内的分支机构时，必须依法清偿债务，依照本法有关公司清算程序的规定进行清算。未清偿债务之前，不得将其分支机构的财产移至中国境外。

第十二章 法 律 责 任

第一百九十八条 违反本法规定，虚报注册资本、提交虚假材料或者采取其他欺诈手段隐瞒重要事实取得公司登记的，由公司登记机关责令改正，对虚报注册资本的公司，处以虚报注册资本金额百分之五以上百分之十五以下的罚款；对提交虚假材料或者采取其他欺诈手段隐瞒重要事实的公司，处以五万元以上五十万元以下的罚款；情节严重的，撤销公司登记或者吊销营业执照。

第一百九十九条 公司的发起人、股东虚假出资，未交付或者未按期交付作为出资的货币或者非货币财产的，由公司登记机关责令改正，处以虚假出资金额百分之五以上百分之十五以下的罚款。

第二百条 公司的发起人、股东在公司成立后，抽逃其出资的，由公司登记机关责令改正，处以所抽逃出资金额百分之五以上百分之十五以下的罚款。

第二百零一条 公司违反本法规定，在法定的会计账簿以外另立会计账簿的，由县级以上人民政府财政部门责令改正，处以五万元以上五十万元以下的罚款。

第二百零二条 公司在依法向有关主管部门提供的财务会计报告等材料上作虚假记载或者隐瞒重要事实的，由有关主管部门对直接负责的主管人员和其他直接责任人员处以三万元以上三十万元以下的罚款。

第二百零三条 公司不依照本法规定提取法定公积金的，由县级以上人民政府财政部门责令如数补足应当提取的金额，可以对公司处以二十万元以下的罚款。

第二百零四条 公司在合并、分立、减少注册资本或者进行清算时，不依照本法规定通知或者公告债权人的，由公司登记机关责令改正，对公司处以一万元以上十万元以下的罚款。

公司在进行清算时，隐匿财产，对资产负债表或者财产清单作虚假记载或者在未清偿债务前分配公司财产的，由公司登记机关责令改正，对公司处以隐匿财产或者未清偿债务前分配公司财产金额百分之五以上百分之十以下的罚款；对直接负责的主管人员和其他直接责任人员处以一万元以上十万元以下的罚款。

第二百零五条 公司在清算期间开展与清算无关的经营活动的，由公司登记机关予以警告，没收违法所得。

第二百零六条 清算组不依照本法规定向公司登记机关报送清算报告，或者报送清算报告隐瞒重要事实或者有重大遗漏的，由公司登记机关责令改正。

清算组成员利用职权徇私舞弊、谋取非法收入或者侵占公司财产的，由公司登记机关责令退还公司财产，没收违法所得，并可以处以违法所得一倍以上五倍以下的罚款。

第二百零七条　承担资产评估、验资或者验证的机构提供虚假材料的，由公司登记机关没收违法所得，处以违法所得一倍以上五倍以下的罚款，并可以由有关主管部门依法责令该机构停业、吊销直接责任人员的资格证书，吊销营业执照。

承担资产评估、验资或者验证的机构因过失提供有重大遗漏的报告的，由公司登记机关责令改正，情节较重的，处以所得收入一倍以上五倍以下的罚款，并可以由有关主管部门依法责令该机构停业、吊销直接责任人员的资格证书，吊销营业执照。

承担资产评估、验资或者验证的机构因其出具的评估结果、验资或者验证证明不实，给公司债权人造成损失的，除能够证明自己没有过错的外，在其评估或者证明不实的金额范围内承担赔偿责任。

第二百零八条　公司登记机关对不符合本法规定条件的登记申请予以登记，或者对符合本法规定条件的登记申请不予登记的，对直接负责的主管人员和其他直接责任人员，依法给予行政处分。

第二百零九条　公司登记机关的上级部门强令公司登记机关对不符合本法规定条件的登记申请予以登记，或者对符合本法规定条件的登记申请不予登记的，或者对违法登记进行包庇的，对直接负责的主管人员和其他直接责任人员依法给予行政处分。

第二百一十条　未依法登记为有限责任公司或者股份有限公司，而冒用有限责任公司或者股份有限公司名义的，或者未依法登记为有限责任公司或者股份有限公司的分公司，而冒用有限责任公司或者股份有限公司的分公司名义的，由公司登记机关责令改正或者予以取缔，可以并处十万元以下的罚款。

第二百一十一条　公司成立后无正当理由超过六个月未开业的，或者开业后自行停业连续六个月以上的，可以由公司登记机关吊销营业执照。

公司登记事项发生变更时，未依照本法规定办理有关变更登记的，由公司登记机关责令限期登记；逾期不登记的，处以一万元以上十万元以下的罚款。

第二百一十二条　外国公司违反本法规定，擅自在中国境内设立分支机构的，由公司登记机关责令改正或者关闭，可以并处五万元以上二十万元以下的罚款。

第二百一十三条　利用公司名义从事危害国家安全、社会公共利益的严重违法行为的，吊销营业执照。

第二百一十四条　公司违反本法规定，应当承担民事赔偿责任和缴纳罚款、罚金的，其财产不足以支付时，先承担民事赔偿责任。

第二百一十五条　违反本法规定，构成犯罪的，依法追究刑事责任。

第十三章　附　　则

第二百一十六条　本法下列用语的含义：

（一）高级管理人员，是指公司的经理、副经理、财务负责人，上市公司董事会秘书和公司章程规定的其他人员。

（二）控股股东，是指其出资额占有限责任公司资本总额百分之五十以上或者其持有的股份占股份有限公司股本总额百分之五十以上的股东；出资额或者持有股份的比例虽然不足百分之五十，但依其出资额或者持有的股份所享有的表决权已足以对股东会、股东大会的决议产生重大影响的股东。

（三）实际控制人，是指虽不是公司的股东，但通过投资关系、协议或者其他安排，能够实际支配公司行为的人。

（四）关联关系，是指公司控股股东、实际控制人、董事、监事、高级管理人员与其直接或者间接控制的企业之间的关系，以及可能导致公司利益转移的其他关系。但是，国家控股的企业之间不仅因为同受国家控股而具有关联关系。

第二百一十七条　外商投资的有限责任公司和股份有限公司适用本法；有关外商投资的法律另有规定的，适用其规定。

第二百一十八条　本法自 2006 年 1 月 1 日起施行。

附录 B

新版《"大众创业 万众创新" 税收优惠政策指引》发布

为方便纳税人及时了解掌握税收优惠政策，更好发挥税收助力大众创业、万众创新的税收作用，国家税务总局于 2017 年 4 月发布了《"大众创业 万众创新"税收优惠政策指引》（以下简称《指引》），受到广大纳税人的普遍欢迎。党中央、国务院持续加大对创新创业的支持力度，新推出一系列税收优惠政策。税务总局在认真抓好落实的同时，及时跟进梳理，形成了最新《指引》，在 2019 年 6 月全国"双创"活动周举办期间特别推出。

《指引》归集了截至 2019 年 6 月我国针对创新创业主要环节和关键领域陆续推出的 89 项税收优惠政策措施，覆盖企业从初创到发展的整个生命周期。其中，2013 年以来出台的税收优惠有 78 项。

《指引》延续了 2017 年的体例，结构上分为引言、优惠事项汇编和政策文件汇编目录。每个优惠事项分为享受主体、优惠内容、享受条件和政策依据。优惠事项汇编继续按照三个阶段对企业初创期、成长期和成熟期适用的税收优惠政策进行分类整理，在内容上展示了支持创业创新的税收优惠政策最新成果：

——在促进创业就业方面，小型微利企业所得税减半征税范围已由年应纳税所得额 30 万元以下逐步扩大到 300 万元以下，增值税起征点已从月销售额 3 万元提高到 10 万元，高校毕业生、退役军人等重点群体创业就业政策已"提标扩围"，并将建档立卡贫困人口纳入了政策范围。

——在鼓励科技创新方面，一是为进一步促进创新主体孵化，科技企业孵化器和大学科技园免征增值税、房产税、城镇土地使用税政策享受主体已扩展到省级孵化器、大学科技园和国家备案的众创空间；创业投资企业和天使投资个人所得税政策已推广到全国实施。二是为进一步促进创业资金聚合，金融机构向小微企业、个体工商户贷款利息免征增值税的单户授信额度，已由 10 万元扩大到 1000 万元；金融机构与小型微型企业签订借款合同免征印花税。三是为进一步促进创新人才集聚，对职务科技成果转化现金奖励减征个人所得税。四是为进一步促进创新能力提升，研发费用加计扣除力度逐步加大，企业委托境外发生的研发费用纳入加计扣除范围，所有企业的研发费用加计扣除比例均由 50% 提高至 75%，固定资产加速折旧政策已推广到所有制造业领域。五是为进一步促进创新产业发展，软件和集成电路企业所得税优惠政策适用条件进一步放宽。

（《指引》全文可以在国家税务总局网站查询）

附录 C

国内部分创业网站

全国大学生创业服务网　http://cy.ncss.org.cn

中国中小企业信息网　http://www.sme.gov.cn

青年创业网　http://www.gncye.com

创业网　http://www.cye.com.cn

参考文献

[1] 张立中. 创新核心技能培训教程 ［M］. 北京：中国统计出版社，2002.

[2] 葛建新. 创业学 ［M］. 北京：清华大学出版社，2004.

[3] 薄赋徭，刘晓燕. 创业实训 ［M］北京：中国劳动社会保障出版社，2017.

[4] 储克森. 职业、就业指导及创业教育 ［M］. 4 版. 北京：机械工业出版社，2017.

[5] 周锡冰. 俞敏洪教你创业 ［M］. 北京：中国经济出版社，2009.

[6] 何利平. 大学生职业生涯发展与就业指导实用教程 ［M］. 长沙：湖南师范大学出版社，2012.

[7] 杜念峰. 党的十八大文件汇编 ［M］. 北京：党建读物出版社，2012.

[8] 中共中央关于全面深化改革若干重大问题的决定 ［M］. 北京：人民出版社，2013.